Judith Le Huray
Materialien und Kopiervorlagen
zur Klassenlektüre

Die Kellerschnüffler

Hase und Igel®

Inhalt

© 2014 Hase und Igel Verlag GmbH, Garching b. München
www.hase-und-igel.de
Lektorat: Patrik Eis, Birgit Fürst
Satz: Margit Kick
Illustrationen: Johann Brandstetter
Druck: Grafisches Centrum Cuno GmbH & Co. KG

ISBN 978-3-86760-472-7

„Die Kellerschnüffler" – Das Buch im Unterricht

Das Buch

„Inklusion" ist in Schulen ein brennendes Thema, Lehrer und Schüler müssen sich neuen Herausforderungen stellen. Der Detektivroman „Die Kellerschnüffler" plädiert auf unterhaltsame und spannende Weise für ein ungezwungenes Miteinander von Behinderten und Nichtbehinderten, ohne Schwierigkeiten zu verschweigen, die dabei auftreten können. Ein blinder, zunächst von anderen Kindern in seinem Alter ausgegrenzter Junge wird Mitglied einer Bande und trägt entscheidend dazu bei, eine Serie von Fahrraddiebstählen aufzuklären.

Sechs befreundete Jungen und Mädchen im Alter von zehn bis knapp 13 Jahren müssen aus unterschiedlichen Gründen zumindest einen Großteil ihrer Sommerferien zu Hause verbringen. Nun suchen sie nach Abwechslung und Abenteuer. Als sie dem merkwürdigen Jungen mit dem weißen Stock zum ersten Mal begegnen, wird er von ihnen gepiesackt und verhöhnt. Am nächsten Tag stürzt einer aus der Bande, Benni, vom Fahrrad und ausgerechnet der Junge mit dem komischen Blick hilft ihm. Benni erfährt: Der Junge heißt Samuel und ist blind. Die beiden freunden sich an und es gelingt Benni trotz anfänglicher Widerstände und Probleme, den Jungen in seine Clique einzuführen.

Dann verschwinden nachts Fahrräder aus einigen Kellern des Stadtteils und die Kinder versuchen sich als Detektive. Dabei kommt ihnen nicht zuletzt Samuels gut trainierter Geruchssinn zugute; er kann Hinweise buchstäblich „erschnüffeln". Endlich hat die Bande eine Aufgabe und auch einen Namen: die Kellerschnüffler! Die Kinder begeben sich auf eine abenteuerliche Tätersuche und in einem packenden Finale – natürlich im Dunkeln eines Kellers – gelingt es ihnen tatsächlich, die Diebe dingfest zu machen.

Ende 2011 lebten in Deutschland 7,3 Mio. schwerbehinderte Menschen, das sind beinahe 9 % der Gesamtbevölkerung (Infos unter *www.destatis.de*). Die Anzahl der Blinden in Deutschland wird auf mindestens 150 000 geschätzt (*http://www.dbsv.org/infothek/zahlen-und-fakten*), die der blinden und sehbehinderten Schüler auf 14 000 (*www.auge-online.de/Beschwerden/Blindheit/blindheit.html*).

In dem Roman geht es um einen blinden Jungen, doch kann die Problematik leicht auf andere Behinderungen übertragen werden. Das Thema „Inklusion" beschäftigt die Schulen spätestens seit Verabschiedung der UN-Behindertenrechtskonvention im Dezember 2006, die 2008 von Deutschland unterzeichnet wurde (*www.behinderten-rechtskonvention.info*). Darin heißt es in Artikel 24 (Bildung) u. a.: „Die Vertragsstaaten anerkennen das Recht von Menschen mit Behinderungen auf Bildung. Um dieses Recht ohne Diskriminierung und auf der Grundlage der Chancengleichheit zu verwirklichen, gewährleisten die Vertragsstaaten ein integratives Bildungssystem auf allen Ebenen und lebenslanges Lernen [...]. Bei der Verwirklichung dieses Rechts stellen die Vertragsstaaten sicher, dass Menschen mit Behinderungen nicht aufgrund von Behinderung vom allgemeinen Bildungssystem ausgeschlossen werden [...]; Menschen mit Behinderungen gleichberechtigt mit anderen in der Gemeinschaft, in der sie leben, Zugang zu einem integrativen, hochwertigen und unentgeltlichen Unterricht an Grundschulen und weiterführenden Schulen haben [...]"

Für Lehrer und Schüler bedeutet die Integration von Kindern mit unterschiedlichen Handicaps eine Herausforderung. Doch nicht nur Behinderte können durch den alltäglichen Umgang miteinander gewinnen. Individuelle Förderung und Verbesserung der Sozialkompetenz sind Pluspunkte für alle Schüler.

Ein ungezwungener Umgang mit Behinderten ist längst noch nicht zur Selbstverständlichkeit geworden. Ausgrenzung und Hänseleien bis hin zu Mobbing sind immer wieder an der Tagesordnung. Durch das vorliegende Buch sollen die Schüler für Menschen mit Behinderungen sensibilisiert und Vorurteile abgebaut werden. Der Roman zeigt auf, dass auch der vermeintlich Schwache seine Stärken hat.

Sowohl Jungen als auch Mädchen werden leicht eine Figur in dem Roman finden, mit der sie sich identifizieren können. Kinder der Klassen 4 bis 6 lieben Spannung, Abenteuer und Humor. Das alles finden sie in diesem Buch – und erhalten nebenbei Denkanstöße für ein soziales Miteinander.

Das Material

Für das Unterrichtsmaterial wurde das Buch in fünf chronologische Abschnitte gegliedert, die jeweils aus einem didaktischen Teil und anschließenden Kopiervorlagen für die Schülerhand bestehen.

Auf den Lehrerseiten finden Sie zunächst eine Zusammenfassung der einzelnen Kapitel des jeweiligen Abschnitts und Kommentare sowie Lösungen zu den Kopiervorlagen. Es folgen Schreib- und Gesprächsanlässe, die das Textverständnis sichern, aber auch darüber hinausführen und die Erfahrungen der Schüler einbeziehen. Wichtige Hintergrundinformationen werden eingebunden, häufig in Form von Links zu hilfreichen Internetseiten.

Abgeschlossen werden die Lehrerseiten durch den Abschnitt „Kreativ aktiv", der Ideen und Aufgaben bietet, die über die Textarbeit hinausgehen.

Die Kopiervorlagen beschäftigen sich auf breit gefächerte Weise mit Inhalten aus dem Buch. Sie bieten Aufgaben zum Textverständnis, aber auch zahlreiche weiterführende Informationen und Denkanstöße. Die kleine Einführung in die Blindenschrift werden die Schüler als eine Art „Geheimschrift" sicher spannend finden. Die Entwicklung eines eigenen Krimihörspiels, die im Rahmen einer Projektwoche ausgebaut werden kann, fördert Kreativität und Zusammenarbeit in der Gruppe. Im Vordergrund steht das Fach Deutsch, aber auch kreatives Gestalten sowie Inhalte aus den Fächern Biologie und Ethik werden aufgegriffen.

Durch die folgenden Signets am oberen Seitenrand wird der thematische Schwerpunkt jeder Kopiervorlage verdeutlicht:

Zur Lektüre

Sprache unter der Lupe

Blindheit

Gemeinsam sind wir stark

Die einzelnen Arbeitsaufträge auf den Kopiervorlagen sind zur leichten Orientierung mit diesen Symbolen versehen:

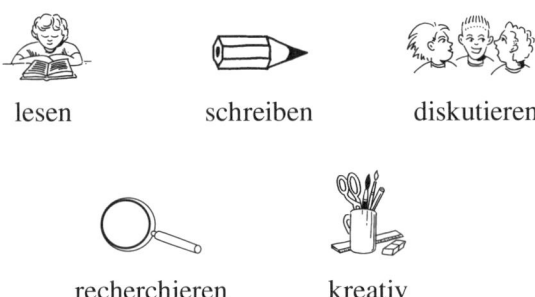

lesen   schreiben   diskutieren

recherchieren   kreativ

Zur sprachlichen Vereinfachung wurde beim Plural „die Schüler" auf die weibliche Form verzichtet. Natürlich sind die „Schülerinnen" ebenso gemeint.

Ich wünsche Ihnen und Ihrer Klasse unterhaltsame, spannende, motivierte und erfolgreiche Stunden bei der Lektüre der „Kellerschnüffler" und hoffe, dieses Material kann Ihnen dabei eine wertvolle Unterstützung bieten.

Judith Le Huray

1. bis 3. Kapitel: Ferien in Mieringen

Vor der Lektüre

Zeigen Sie zunächst nur das Buchcover. Lassen Sie die Schüler das Buch betrachten. Mögliche Leitfragen sind:

- Was erwartet ihr von dem Titel?
- Was wird als „schnüffeln" bzw. „Schnüffler" bezeichnet? (schnuppern, spionieren, evtl. inhalieren von Klebstoff als Ersatzdroge, falls von den Schülern genannt)
- Was verbindet ihr mit dem Wort „Keller"? (Abstellraum, dunkel, kalt, gruselig …)
- Was machen die Kinder auf dem Buchcover gerade? Wie wirken sie als Gruppe auf euch? Was fällt euch an einzelnen Personen auf?

Durch die Lektüre des Klappentextes können bereits einige Vermutungen der Schüler bestätigt und andere widerlegt werden. Welche Fragen lässt der Text offen?

Inhalt

(1) Sechs Rennfahrer rasen an einem heißen Sommertag über den Asphalt. Wie sich herausstellt, handelt es sich um sechs Kinder aus Mieringen, die ihre Sommerferien mit einem Fahrradrennen beginnen: Tom Herder, der aus einer kinderreichen Familie stammt und sich über sein klappriges Damenfahrrad ärgert, den molligen Michael Schmidt, der bei den Großeltern wohnt und gerne isst, Karo Müller, die ihrer burschikosen Freundin Charly Zwerger zu mädchenhaft wird, den sportlichen, stets Kaugummi kauenden Benni Fuchs und Charlys jüngeren Bruder Moritz Zwerger. Da die Kinder nicht oder nur in der letzten Ferienwoche verreisen, wollen sie gemeinsam etwas unternehmen. Tom sagt, er habe eine Idee, verrät sie aber noch nicht.

(2) Da Tom auf seine kleine Nichte Lilly aufpassen muss, treffen sich die Kinder auf dem Spielplatz. Dabei gibt er seine Idee preis: Er will eine Bande gründen. Allerdings weiß er noch nicht, wozu sie dienen soll.

Die Kinder formen Sandtörtchen, um Toms Nichte bei Laune zu halten. Da entdecken sie auf der anderen Straßenseite einen merkwürdig wirkenden Jungen. Mit einem weißen Stock in der Hand sitzt er auf einem Gartenstuhl vor dem Haus und schielt zum Himmel. Tom und Michael halten ihn für „nicht ganz dicht". Moritz nimmt ihn in Schutz. Daraufhin wird er von Michael als Feigling beschimpft, der sich nicht traue, dem Jungen den Stock zu klauen. Obwohl Moritz nicht wohl dabei ist, holt er den Stock und rennt vor Aufregung beinah in ein Auto. Mit Tränen in den Augen bleibt er im Sandkasten sitzen, wäh-

rend die anderen den Jungen piesacken. Erst als eine Frau aus dem Fenster ruft, hören sie damit auf und wenden sich wieder Toms Nichte zu.

(3) Bei einem Fahrradrennen zum Badesee stürzt Benni auf die Straße. Der Junge mit dem weißen Stock kommt ihm zu Hilfe. Benni erfährt, dass der Junge Samuel heißt und seit sechs Jahren blind ist. Samuels Mutter verarztet Bennis Wunden und lädt ihn ein, zu einem Eis zu bleiben. Benni hat ein schlechtes Gewissen, weil er und seine Freunde Samuel am Tag zuvor geärgert haben. Da er aber noch schwach und vor allem neugierig auf das Zimmer des blinden Jungen ist, nimmt er die Einladung an.

Zu den Kopiervorlagen

 Die Personen
Die Schüler sammeln im Laufe der Lektüre Informationen über die Protagonisten und notieren sie in Stichpunkten. Die Liste wird nach und nach ergänzt. Darüber hinaus können die Kinder für jede Person ein weiteres Blatt anlegen, auf dem sie zusätzliche Informationen sammeln. Diese Blätter können sie auch für die ausführlichen Steckbriefe nutzen, zu denen die Schüler auf dem Arbeitsblatt „Kellerschnüffler" (Seite 45) angeregt werden.

Mögliche Lösung
Benjamin Fuchs, Benni, 10 J., 5. Kl. (Gymnasium), schlank, dunkle Stachelhaare, kaut oft Kaugummi
Tom Herder, Tom, fast 13 J., 7. Kl., vier Geschwister, wenig Geld, ist gern Anführer, flucht oft
Michael Schmidt, Michael, 12 J., 7. Kl., mollig, lebt bei Großeltern, Vater arbeitet im Ausland, isst gern, etwas feige, hat viele Vorurteile
Karoline Müller, Karo, 11 J., 6. Kl., lange Haare, Bruder Patrick, achtet auf ihr Äußeres, hat Humor
Charlotte Zwerger, Charly, 11 J., 6. Kl., kurze Haare, lebt mit Bruder Moritz bei Mutter, sportlich, jungenhaft
Moritz Zwerger, Zwerg, 10 J., langes, dunkelblondes Haar, sieht aus wie achtjähriges Mädchen, lebt mit Charly bei Mutter, sensibel, ängstlich
Samuel Frey, 11 J., wiederholt 5. Kl., dunkelblond, grau-blaue Augen, merkwürdiger Blick, blind, weißer Blindenstock, Hund Frodo, mag Bücher und Hörspiele, will Tontechniker werden

 Rund ums Fahrrad
Die Schüler setzen sich mit den Fahrradbegriffen auseinander. Weitere Begriffe wie Dynamo,

Schutzblech, Kettenschutz, Reflektoren, Gepäckträger etc. können Sie im Unterricht ergänzen.

Es bietet sich an, das Thema „sicheres Fahrrad" anzuschließen. Dazu finden Sie z. B. Informationen bei der Verkehrswacht unter *www.verkehrswacht-medien-service.de/ verkehrssicheres_fahrrad_gs.html*

Lassen Sie die Schüler auch von ihren Fahrrädern erzählen. Was mögen sie daran (nicht)?

Lösung
Aufgabe 1:

K	L	I	N	G	E	L	V	H	K	N	S	P	E	I	C	H	E
I	Z	C	Ö	L	I	Y	A	L	E	N	K	E	R	J	K	O	R
M	R	Ü	C	K	L	I	C	H	T	X	V	D	A	N	O	P	D
A	D	G	F	Ä	M	B	U	T	T	W	O	A	X	Ü	C	Ä	P
S	A	R	U	F	R	A	H	M	E	N	R	L	E	W	A	K	R
A	M	A	K	L	Ö	Q	Z	W	O	P	L	Z	F	O	R	X	C
T	U	L	S	C	H	E	I	N	W	E	R	F	E	R	C	I	Z
T	K	L	E	M	A	R	T	Z	I	A	Q	K	L	I	H	N	O
E	L	K	G	O	D	R	Y	K	L	T	U	S	G	A	B	E	L
L	Y	B	R	E	M	S	E	T	B	E	L	I	E	F	T	Z	O

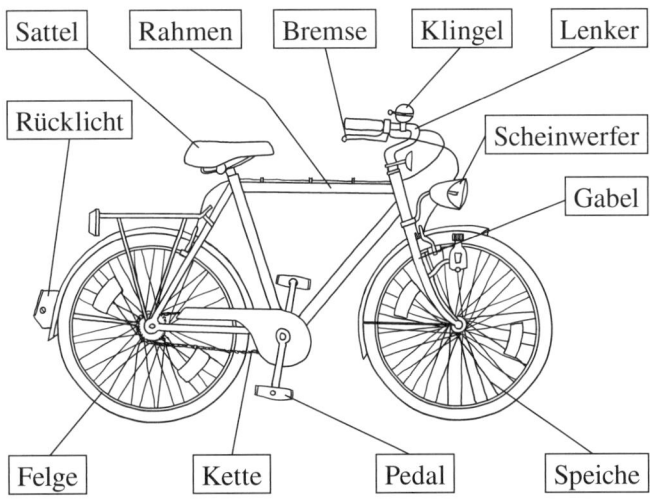

Sattel | Rahmen | Bremse | Klingel | Lenker
Rücklicht | Scheinwerfer | Gabel
Felge | Kette | Pedal | Speiche

Mutig oder feige?
(KV Seite 11)

Manche Kinder halten sich für stark und mutig, wenn sie Schwächere ärgern und tyrannisieren. Nicht selten gipfelt dieses Verhalten in Mobbing oder gar Erpressung. Die Schüler sollen erkennen, dass die vermeintlich Mutigen in Wirklichkeit oft feige handeln.

Die erste Aufgabe dient zur Kontrolle des Textverständnisses und zur Erarbeitung des Präteritums. Die handelnden Personen werden eingefügt, außerdem das im Infinitiv stehende Verb in die richtige Form des Präteritums gesetzt.

In der zweiten Aufgabe machen sich die Schüler Gedanken, was feige und was mutig ist. Ihre Überlegungen und Notizen dienen als Diskussionsgrundlage.

Die dritte Aufgabe nimmt Moritz' Verhalten näher unter die Lupe. Die Schüler vergleichen ihre Ergebnisse und überlegen gemeinsam, was dafür ausschlaggebend war, dass Moritz sein Mitleid beiseitegeschoben und den Stock des Jungen genommen hat. Um den Kindern die Bedeutung der Gruppendynamik bewusst zu machen, die in dieser Szene wirkt, können Sie fragen, ob Moritz den Stock wohl auch genommen hätte, wenn er dem Jungen allein begegnet wäre. Eine weitere interessante Fragestellung lautet: Wie hätte Moritz auf Michaels Aussage „Der würde sich nie trauen, dem Hirni da drüben den Stock zu klauen" noch reagieren können? Die Vorschläge der Schüler können in Rollenspielen umgesetzt werden.

Lösung
Aufgabe 1:
Gestern <u>saß</u> ich vor dem Haus und <u>hörte</u> ein paar ältere Kinder auf dem Spielplatz gegenüber. Ein Junge namens <u>Michael sagte</u> zu einem Jungen, der <u>Moritz</u> hieß, er sei zu feige, meinen Stock zu klauen. Wenig später <u>riss</u> mir <u>Moritz</u> meinen Stock weg. Dann <u>stupste Tom</u> mich damit. Auch die anderen <u>waren</u> total fies zu mir.

Aufgabe 3:
① Moritz zeigt Mitleid. Er fragt sich, ob der Junge vielleicht krank ist.
② Tom bezeichnet Moritz als Mädchen und schlägt ihm vor zu heulen.
③ Moritz wehrt sich und schluckt seine Tränen herunter.
④ Michael legt nach: Moritz sei ein Feigling und würde sich nie trauen, dem Jungen den Stock zu klauen.
⑤ Das will Moritz nicht auf sich sitzen lassen: Er geht zu dem Jungen und reißt ihm den Stock aus der Hand.
⑥ Moritz rennt mit dem Stock zurück zum Spielplatz. Er macht nicht mit, als die anderen den Jungen verspotten.
⑦ Als der Junge später den Stock auf dem Boden ertastet, zeigt Moritz wieder Mitleid: Er fragt sich, ob der Junge nicht gut sehen kann.

Das menschliche Auge
(KV Seite 12)

Diese Kopiervorlage dient als grobe Information rund um das menschliche Auge – entweder als Einführung oder als Wiederholung, falls Sie das Thema bereits durchgenommen haben. Dabei werden auch die wichtigsten Sehstörungen und Augenkrankheiten kurz angesprochen.

Lösung

Mit unseren fünf Sinnen können wir Menschen sehen, hören, riechen, schmecken und tasten oder spüren. Über die Augen nehmen wir die meisten Eindrücke wahr. Sie werden geschützt durch je einen Haarbogen, die <u>Augenbrauen</u>, und die <u>Wimpern</u> auf den verschließbaren <u>Lidern</u>. Außerdem schützt die Lederhaut vor Stößen. Die Augen liegen im Schädel in der knöchernen Augenhöhle. Der kugelförmige Augapfel ist beweglich durch die Augenmuskeln. Wenn man ihn von vorne betrachtet, sieht man die farbige <u>Iris</u> und das dunkle Sehloch, die <u>Pupille</u>. Beim Sehen kommt das Licht über die Hornhaut ins Auge. Die <u>Iris</u>, die man auch Regenbogenhaut nennt, lässt unsere Augen grün, braun oder blau aussehen. Sie verändert je nach Lichtstärke die Größe der Pupille. Diese schickt das Licht weiter an die Linse. Von den Stäbchen und <u>Zapfen</u>, die in der Netzhaut liegen, wird die Information an den <u>Sehnerv</u> geleitet, der dem Gehirn vermittelt, was wir sehen.

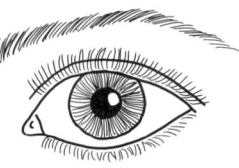

Stadtplan Mieringen-Nord

KV
Seite
13

Im Laufe der Lektüre werden von einigen Kindern die Anschriften oder Details zu ihrer Wohnlage genannt. So können die Schüler einige der eingezeichneten Häuser zuordnen. Bei den restlichen muss noch etwas nachgedacht werden, zum Beispiel: Wer wohnt in einem Einfamilienhaus, wer in einem Mehrfamilienhaus?

Lösung

① Samuel (Talerstraße, gegenüber Spielplatz, siehe 3. Kapitel); ② Karo (Eisenstraße 5, siehe 13. Kapitel); ③ Charly und Moritz; ④ Benni (Einfamilienhaus, siehe 12. Kapitel); ⑤ Michael; ⑥ Tom (Mehrfamilienhaus, bleibt übrig, wenn alle anderen eingetragen sind)

Gesprächs- und Schreibanlässe

Zum 1. Kapitel
Rund ums Buch
- Hat die Autorin mit dem Einstieg Spannung erzeugt? Wenn ja, wodurch?
- War allen sofort klar, worum es sich bei dem Rennen handelt? Oder woran habt ihr sonst gedacht?

Ferien/Verreisen
- Welche Gründe kann es geben, nicht zu verreisen?
- Was machst du in den nächsten Ferien?
- Was kann man zu Hause alles machen?

Fahrrad
- Braucht man einen Helm? Warum (nicht)?
- Braucht man Licht? Warum (nicht)?
- Was braucht ein verkehrssicheres Fahrrad?

Zum 2. Kapitel
Weiberkram/Männerkram
- Ist Kindererziehung Frauensache? Was gehört alles dazu?
- Wer ist bei euch zu Hause für die Erziehung zuständig?
- Was ist Frauensache? Was ist Männersache?
- Dürfen Jungen heulen?
- Gibt es typische Frauen- und Männerberufe? Warum (nicht)?
- Was bedeutet „Emanzipation"?

Menschen, die anders sind
- Wie verhält man sich Menschen gegenüber, die auf irgendeine Art „anders" sind (andere Kultur, andere Hautfarbe, Behinderte etc.)?
- Was sagst du zum Verhalten der Kinder gegenüber dem Jungen mit dem Stock?

Zum 3. Kapitel
Unfall und Erste Hilfe
- Du bist Zeuge eines Fahrradunfalls, ähnlich wie bei Benni. Was tust du?
- Wie meldet man einen Unfall?
- Welche Notrufnummern sind wichtig und sollten im Kopf oder im Handy sein?
- Was weißt du über Erste Hilfe?

Augen
- Wer von euch hat schlechte Augen?
- Wie sieht man bei schlechten Augen ohne Sehhilfe? (vgl. *http://www.optiker.at/sehschaerfen-simulator*)
- Was habt ihr schon bei anderen Menschen beobachtet, die schlecht sehen? (z. B. Augen zusammenkneifen, Zeitung weit weg halten, Dinge nah vor die Augen halten)
- Hat jemand von euch schon einmal einen blinden oder stark sehbehinderten Menschen gesehen? Was ist dir an der Person aufgefallen?
- Woran erkennt man Blinde und stark Sehbehinderte? (weißer Stock, Blindenhund, Armbinde oder Button mit drei schwarzen Punkten auf gelbem Grund)

Gruppenzwang
- Benni ist sein Verhalten von gestern peinlich. Warum hat er sich dann so verhalten?
- Ist es sinnvoll und klug, bei allem mitzumachen, was Freunde aus der Clique tun? Warum (nicht)?

Kreativ aktiv

Romananfänge

Sucht zu Hause oder in der Bücherei nach besonders gelungenen Einstiegen in Bücher. Bringt sie mit und lest sie euch gegenseitig gut betont vor.

Erste Hilfe

Wenn Benni vom Fahrrad stürzt, muss ihm geholfen werden. In einer Unterrichtseinheit lernen die Schüler z. B., wie eine Rettungskette funktioniert, eine Wunde zu säubern, ein Pflaster richtig aufzukleben, einen Verband anzulegen, blutende Wunden oder Nasenbluten zu stillen sowie erste Notfallhilfe. Das DRK bzw. das Jugendrotkreuz stellen Informationen für den Unterricht mit Arbeitsblättern zur Verfügung (siehe dazu *www.unfallkasse-berlin.de/res.php?id=10110*). Weitere Unterrichtsvorschläge mit einer Bestelladresse für Übungsmaterialien sind zu finden unter *http://jugendrotkreuz.de/fileadmin/dokumente/aktionen/JRK_in_der_Schule/Austauschblaetter.pdf*.

Wenn alles dunkel ist

- Schließt die Augen. Hört auf Geräusche. Fallen euch welche auf, die ihr nie bemerkt habt? (Evtl. im abgedunkelten Klassenzimmer durchführen.)
- Betrachte deinen Schultisch etwa 30 Sekunden lang von allen Seiten. Schließe die Augen. Taste den Tisch ab. Entdeckst du etwas, das du nicht gesehen hast?
- Durchsuche deine Schultasche mit geschlossenen Augen. Kannst du alles erkennen? Vielleicht findest du sogar etwas, das deine Augen nicht gesehen haben.

Die Personen

✏ Im Laufe des Romans findest du viele Informationen zu den Kindern. Notiere sie in Stichpunkten.

Vor- und Nachname	genannt	Alter, Klasse (nach den Ferien)	Aussehen (Figur, Haare …)	Familie	Hobbys und Eigenheiten
Benjamin _____	Benni				
Tom _____	Tom				
Michael _____					
Karoline _____					
Charlotte _____					
Moritz _____					
Samuel _____					

Rund ums Fahrrad

 Markiere die zwölf versteckten Fahrradbegriffe. Trage die Bezeichnungen dann an den richtigen Stellen in die Zeichnung ein.

K	L	I	N	G	E	L	V	H	K	N	S	P	E	I	C	H	E
I	Z	C	Ö	L	I	Y	A	L	E	N	K	E	R	J	K	O	R
M	R	Ü	C	K	L	I	C	H	T	X	V	D	A	N	O	P	D
A	D	G	F	Ä	M	B	U	T	T	W	O	A	X	Ü	C	Ä	P
S	A	R	U	F	R	A	H	M	E	N	R	L	E	W	A	K	R
A	M	A	K	L	Ö	Q	Z	W	O	P	L	Z	F	O	R	X	C
T	U	L	S	C	H	E	I	N	W	E	R	F	E	R	C	I	Z
T	K	L	E	M	A	R	T	Z	I	A	Q	K	L	I	H	N	O
E	L	K	G	O	D	R	Y	K	L	T	U	S	G	A	B	E	L
L	Y	B	R	E	M	S	E	T	B	E	L	I	E	F	T	Z	O

 Stell dir vor, du hast in einem Preisausschreiben gewonnen und bekommst dein Wunschfahrrad. Wie würde es aussehen? (Art des Rades, Gänge, Farbe, Besonderheiten ...) Beschreibe es und zeichne es in dein Heft.

Mutig oder feige?

✏️ Am Morgen nachdem Samuel von den Kindern geärgert wurde, erzählt er einem Klassenkameraden am Telefon darüber. Setze die Verben in die richtige Vergangenheitsform und füge die fehlenden Namen ein.

Gestern (sitzen) _____ ich vor dem Haus und (hören) _____ ein paar ältere

Kinder auf dem Spielplatz gegenüber. Ein Junge namens _____ (sagen) _____

zu einem Jungen, der _____ hieß, er sei zu feige, meinen

Stock zu klauen. Wenig später (reißen) _____ mir _____

meinen Stock weg. Dann (stupsen) _____ _____ mich

damit. Auch die anderen (sein) _____ total fies zu mir.

✏️ Wie findest du das Verhalten der Kinder gegenüber Samuel? Mutig? Feige? Warum? Schreibe auf und begründe.

_____

_____

_____

✏️ Moritz hat zuerst Mitleid mit dem fremden Jungen. Dann nimmt er ihm seinen Stock weg. Wie kommt es dazu? Bringe die Ereignisse in die richtige Reihenfolge.

◯ Moritz rennt mit dem Stock zurück zum Spielplatz. Er macht nicht mit, als die anderen den Jungen verspotten.

◯ Als der Junge später den Stock auf dem Boden ertastet, zeigt Moritz wieder Mitleid: Er fragt sich, ob der Junge nicht gut sehen kann.

◯ Moritz wehrt sich und schluckt seine Tränen herunter.

◯ Michael legt nach: Moritz sei ein Feigling und würde sich nie trauen, dem Jungen den Stock zu klauen.

① Moritz zeigt Mitleid. Er fragt sich, ob der Junge vielleicht krank ist.

◯ Tom bezeichnet Moritz als Mädchen und schlägt ihm vor zu heulen.

◯ Das will Moritz nicht auf sich sitzen lassen: Er geht zu dem Jungen und reißt ihm den Stock aus der Hand.

Das menschliche Auge

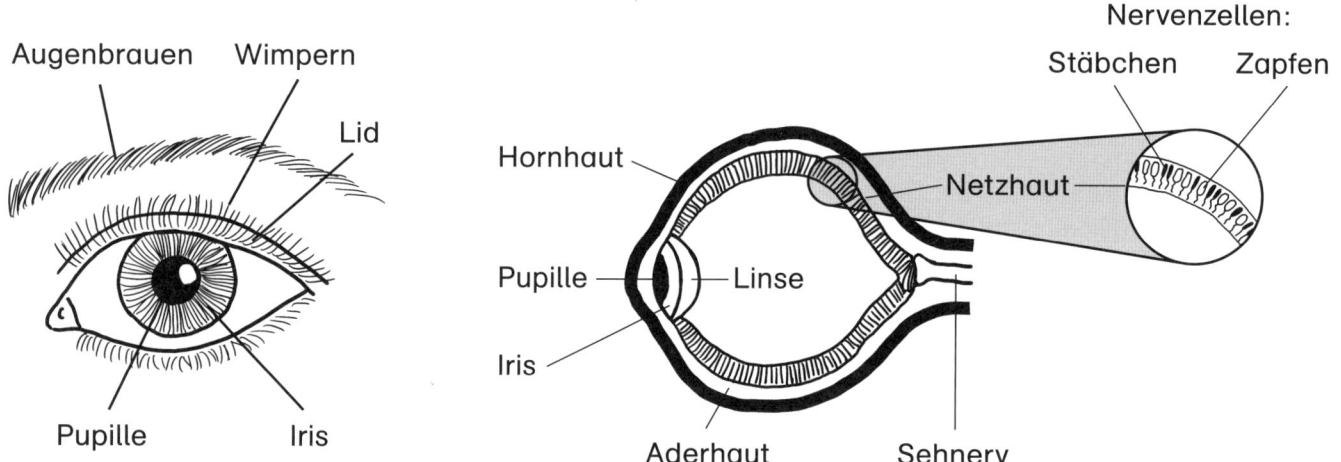

✎➤ Trage die fehlenden Begriffe ein. Du findest sie in den Zeichnungen.

Mit unseren fünf Sinnen können wir Menschen sehen, hören, riechen, schmecken und tasten oder

spüren. Über die Augen nehmen wir die meisten Eindrücke wahr. Sie werden geschützt durch je

einen Haarbogen, die _____, und die _____ auf den

verschließbaren _____. Außerdem schützt die Lederhaut vor Stößen. Die Augen

liegen im Schädel in der knöchernen Augenhöhle. Der kugelförmige Augapfel ist beweglich durch

die Augenmuskeln. Wenn man ihn von vorne betrachtet, sieht man die farbige _____

und das dunkle Sehloch, die _____. Beim Sehen kommt das Licht über die Horn-

haut ins Auge. Die _____, die man auch Regenbogenhaut nennt, lässt unsere

Augen grün, braun oder blau aussehen. Sie verändert je nach Lichtstärke die Größe der Pupille.

Diese schickt das Licht weiter an die Linse. Von den Stäbchen und _____, die in

der Netzhaut liegen, wird die Information an den _____ geleitet, der dem Gehirn

vermittelt, was wir sehen.

> ❗ Kurzsichtige Menschen sehen schlecht in die Ferne,
> weitsichtige schlecht in die Nähe. Mit Brille oder
> Kontaktlinsen kann man das ausgleichen.
> Wenn der Sehnerv oder die Netzhaut einen Schaden
> haben, kann man das jedoch meist nicht korrigieren.
> Manche Menschen sind deshalb blind.

Die Kellerschnüffler

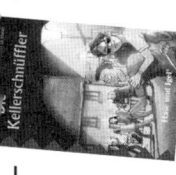

Stadtplan Mieringen-Nord

Wer wohnt wo? Während des Lesens erhältst du dazu Hinweise. Trage die Namen der Bandenmitglieder richtig ein. Gestalte den Plan farbig.

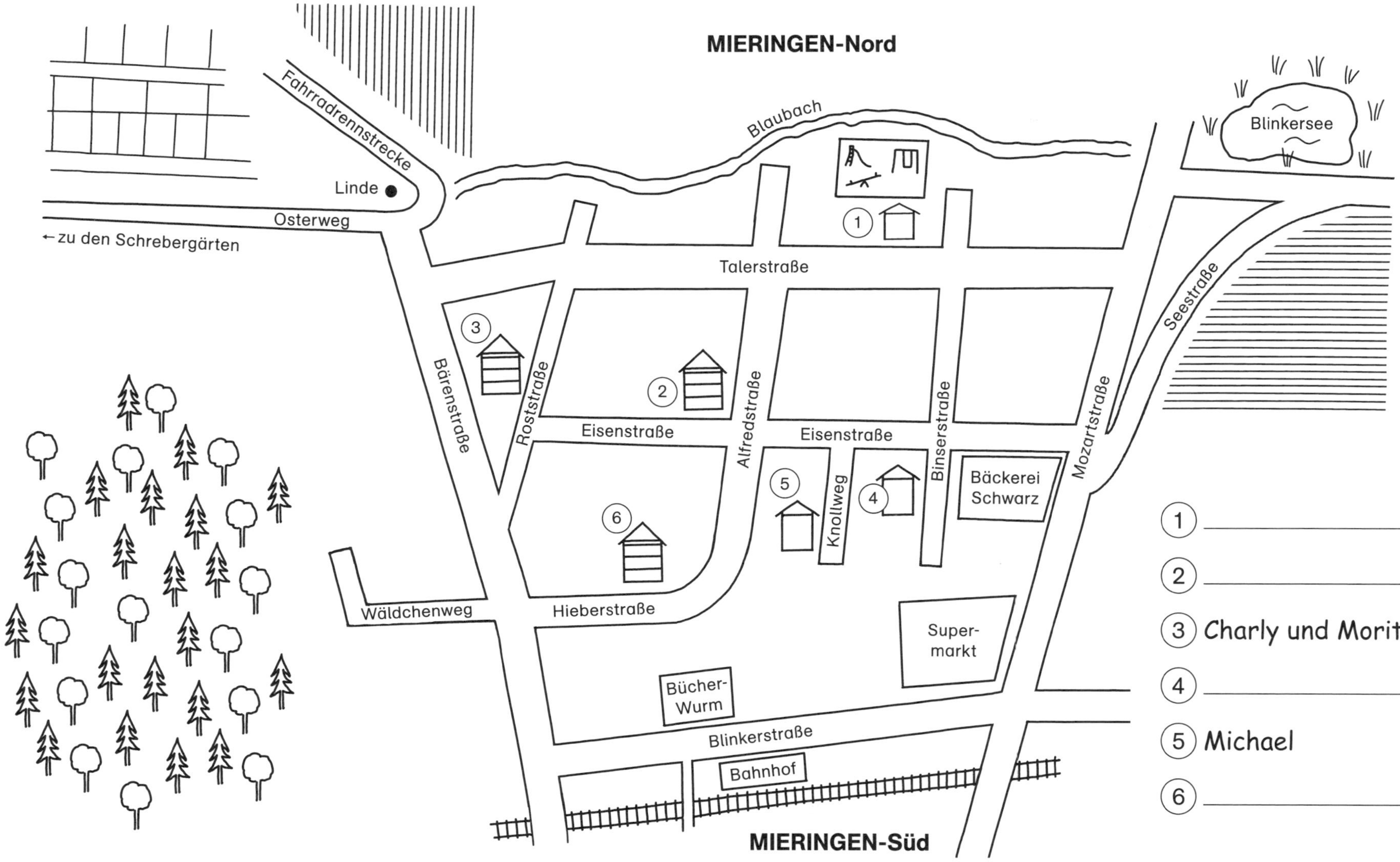
MIERINGEN-Nord
Fahrradrennstrecke
Linde
Osterweg
←zu den Schrebergärten
Blaubach
Blinkersee
Talerstraße
Seestraße
Bärenstraße
Roststraße
Eisenstraße
Alfredstraße
Eisenstraße
Binserstraße
Mozartstraße
Knollweg
Bäckerei Schwarz
Wäldchenweg
Hieberstraße
Super-markt
Bücher-Wurm
Blinkerstraße
Bahnhof
MIERINGEN-Süd
1
2
3
4
5
6

1. ____________
2. ____________
3. Charly und Moritz
4. ____________
5. Michael
6. ____________

Inhalt

(4) Benni lernt Samuels Vater und seinen Hund Frodo kennen. In Samuels Zimmer macht Benni zunächst eine verwirrende Erfahrung: Es ist stockfinster. Ihm wird bewusst, wie hilflos man ist, wenn man nichts sehen kann. Erst als das Rollo geöffnet ist, kann er sich umsehen. Benni bewundert, wie der blinde Junge mit einigen Hilfsmitteln sein Notebook bedient und sogar selbst ein Hörspiel machen will. Die beiden stellen fest, dass sie dieselben Lieblingsbücher haben, nur liest Samuel sie in Blindenschrift. Und da beide Krimihörspiele lieben, wollen sie CDs austauschen.

Als jemand draußen seinen Namen ruft und sich zudem ein Gewitter ankündigt, macht Benni sich auf den Heimweg. Seine Kumpel haben ihn gesucht. Michael macht wieder abfällige Bemerkungen über Samuel.

(5) Trotz der Bedenken seiner Mutter geht Samuel am nächsten Tag mit Benni und Frodo spazieren. Benni lernt, den blinden Jungen zu führen. Zunächst klappt es gut, doch dann verursacht Benni durch seine Unachtsamkeit einen kleinen Sturz.

Im Wald erkennt Samuel Vögel an ihren Stimmen und Beeren am Geruch. Vieles davon hätte Benni nicht bemerkt. Er erfährt, dass Samuel außer seinem Hund keine Freunde in Mieringen hat und gerne mal etwas mit Bennis Clique unternehmen würde. Mit Samuels Tandem wären sie sogar gemeinsam mobil.

(6) Obwohl Tom und Michael dagegen sind, nimmt Benni Samuel mit zum Blinkersee. Dort plantschen alle zusammen im Wasser, bis ein früherer Klassenkamerad auftaucht. Plötzlich sind die anderen weg und Samuel steht hilflos im Wasser. Erst einige Zeit später entdeckt Benni die verlorene Gestalt im See und eilt Samuel zu Hilfe.

Die Kinder merken, dass Samuel ein ziemlich normaler, humorvoller Junge ist. Zwar sind Michael und Tom noch skeptisch, doch zu Samuels großer Begeisterung darf auch er bei der geplanten Bande dabei sein.

Zu den Kopiervorlagen

 (Keine) Geheimschrift
Die Brailleschrift ist wahrscheinlich für die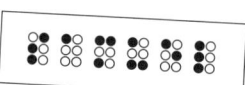
Schüler spannend wie eine Geheimschrift, selbst wenn sie sie mit den Augen lesen. Die in der tastbaren Blindenschrift nicht vorhandenen Punkte sind hier zur besseren Übersicht unausgefüllt abgebildet.

Nehmen Sie für den Blindenschrift-Lesekasten den Boden einer Schachtel nach oben, damit man die Stecknadeln durchstecken kann. Bei Nadeln mit Glaskopf ist eine Schrifthöhe von ca. 1,2 cm ideal. Der Abstand zwischen den Buchstaben sollte nicht zu gering sein. Es empfiehlt sich, das Wort vorher auf einen Zettel zu malen und als Steckschablone auf die Schachtel zu legen. Die Lineale werden oben und unten als Begrenzung angelegt. Sie sind für ungeübte Blindenschriftleser nützlich, um Leerstellen an den Rändern zu erkennen.

Lösung
Aufgabe 1:
Samuel

 Allerlei Hilfe
Die erste Aufgabe thematisiert Hilfen für Blinde. Durch aufmerksames Lesen der Lektüre finden die Schüler heraus, ob die Sätze richtig oder falsch sind. Für die zweite Aufgabe ist ein Gespräch im Vorfeld von Vorteil. Hilfreich dafür ist die Broschüre „Nicht so – sondern so", die aufzeigt, wie man blinde Menschen führen und wie man sich ihnen gegenüber nicht verhalten soll. Der Deutsche Blinden- und Sehbehindertenverband (DBSV) stellt sie zum kostenlosen Download zur Verfügung unter *www.dbsv.org/infothek/broschueren-und-mehr.*

In der vierten Aufgabe werden Hilfsmittel für drei unterschiedliche Behinderungen aufgelistet, die von den Schülern zugeordnet werden sollen.

Lösung
Aufgabe 1:

	richtig	falsch
1. Jeder Hund kann Blindenführhund werden.	☐	☒
2. Ein Blindenstock oder Langstock ist meistens weiß und hat unten eine Kugel.	☒	☐
3. Blinde führt man, indem man sie mit beiden Händen von hinten schiebt.	☐	☒
4. Blindenschrift besteht aus fühlbaren Punkten.	☒	☐
5. Die Sprachausgabe liest Texte aus Büchern in Blindenschrift vor.	☐	☒
6. Mit der Braillezeile können Blinde die Texte vom Computerbildschirm lesen.	☒	☐

Aufgaben 2 und 3:
Richtig: 3. Vielleicht will er gar nicht oder allein über die Straße. Blinde lassen sich in der Regel führen, indem sie sich am Arm des Sehenden halten.

Aufgabe 4:
Rot (blind/sehbehindert): Blindenstock, Braillezeile, akustische Filmbeschreibung, Farberkennungsgerät, Computer mit Sprachausgabe
Blau (gehörlos/schwerhörig): Hörgerät, Untertitel bei Filmen, Klingel mit Lichtsignal, Wecker mit Vibrationskissen
Grün (gehbehindert): Krücken, Rollstuhl, Treppenlift, Rollator

Hürden im Alltag

Wenn die Kinder auf Entdeckungstour gehen, werden sie (hoffentlich) Hilfen für Behinderte finden. Sicher fällt ihnen dabei auch noch einiges auf, was verbesserungswürdig ist. Für die Recherchen und die Herstellung der Plakate können Sie zwei Gruppen bilden. Eine Gruppe sucht nach Hilfsmitteln für Rollstuhlfahrer, die andere nach solchen für Blinde und Sehbehinderte. Jede Gruppe gestaltet ein Plakat in Form einer Collage und präsentiert es anschließend den Mitschülern. Die dritte und vierte Aufgabe nehmen die eigene Schule unter die Lupe. Ist sie behindertengerecht ausgestattet? Was gibt es zu verbessern?

Durch einen Brief an eine zuständige Behörde können die Schüler verstärkt für die Problematik sensibilisiert werden. Gemeinsam herauszufinden, wer für die gefundenen Missstände am Ort oder in der Schule zuständig ist, und miteinander einen höflich-sachlichen, aber doch deutlichen Brief zu schreiben, in dem für Behinderte unüberwindbare Barrieren aufgezeigt werden, kann ein wichtiger Schritt auf dem Weg der Entwicklung zu mündigen Bürgern sein.

Mögliche Lösung

Aufgabe 1:
Kinder in Städten werden mehr Hilfsmittel finden als Schüler auf dem Land. Es gibt z. B.:
Für Blinde: Blindenschrift an Medikamentenverpackungen, Ampeln und Aufzügen, Ampeln mit Tonsignal, Ansagen in Aufzügen und öffentlichen Verkehrsmitteln, Blindenleitsysteme.
Für Rollstuhlfahrer: Rampen an und in öffentlichen Gebäuden, ausgewiesene Parkplätze, Rollstuhlplätze in Bussen, absenkbare Einstiege in öffentlichen Verkehrsmitteln.

Tatsachen und Vorurteile

Manche Kinder stecken voller Vorurteile. Oftmals entstehen diese durch elterliche Vorbilder, Unwissen oder aus dem Wunsch heraus, sich selbst in ein besseres Licht zu rücken. Vorurteile führen häufig zu Hänseleien bis hin zu Mobbing.

Während sich die ersten beiden Aufgaben in Anbindung an den Roman mit Vorurteilen gegenüber Behinderten beschäftigen, behandelt Aufgabe 3 das Thema grundsätzlicher (Warum gibt es Vorurteile? Wozu dienen sie?) und ist deshalb recht anspruchsvoll. Ein mögliches Ergebnis der anschließenden Diskussion: Vorurteile sind im menschlichen Zusammenleben letztlich unvermeidlich. Man sollte sich dessen allerdings bewusst sein und eigene Urteile immer wieder an realen Erfahrungen messen sowie möglichst wenig verallgemeinern.

Lösung
Aufgabe 1:
Grün (Tatsachen):
Mit Mitleid ist Blinden und Behinderten nicht geholfen.
Samuel kann nicht allein Fahrrad fahren.
Allein einzukaufen ist für Blinde schwierig.
Blinden fällt es oft schwerer, sich zu orientieren.
Bei Blinden sind Gehör, Geruchssinn und Tastsinn oft besser trainiert.
Rot (Vorurteile):
Samuel ist ein Angsthase.
Blinde können nichts ohne fremde Hilfe.
Behinderte sind dumm.
Wer blind ist, hört und riecht automatisch besser.
Wenn man blind ist, macht das Leben keinen Spaß mehr.

Aufgabe 2:
z. B. Manche kennen Samuels Probleme nicht und wissen nichts von seiner Blindheit. Sie fühlen sich selbst stark, wenn sie ihn auslachen. Sie finden ihr Verhalten cool. Sie wollen vor anderen gut dastehen.

Anders gesagt

Sprache lebt durch Vielfalt. Doch der aktive Wortschatz ist bei vielen Kindern und Jugendlichen ausbaufähig. Besprechen Sie in der Klasse den Begriff „Synonyme" und überlegen Sie gemeinsam andere Ausdrücke z. B. für geläufige Verben wie „gehen" oder „essen". Die gefundenen Wörter sind nicht wirklich synonym, setzen sie doch unterschiedliche Schwerpunkte. Dadurch kann etwas präziser ausgedrückt werden. Die erste Aufgabe verdeutlicht dies. Bei leseschwächeren Klassen oder wenn Sie wenig Zeit haben, können Sie die zu durchsuchenden Seiten gruppenweise aufteilen.

Lassen Sie ergänzend einen oder mehrere Schüler einen einfachen Satz wie „Ich gehe jetzt nach Hause." auf unterschiedliche Art sagen, z. B. erklärend, motzend, jubelnd, stotternd, flüsternd. Die anderen erraten, welches Verb für „sagen" jeweils gewählt wurde. Außerdem können die gefundenen Begriffe nach bestimmten Aspekten (laut –

leise, positiv – negativ …) sortiert werden. Welche Begriffe lassen sich dabei schwer zuordnen, sind also neutral?

Da Samuel gerne reimt, wird dieses Thema in Aufgabe 3 und 4 aufgegriffen. Sprechen Sie im Vorfeld über Reime und Sprachrhythmus, am besten anhand eines Gedichts. In Kleingruppen Vier- oder Achtzeiler zu vorgegebenen Themen zu erarbeiten, kann das Thema abrunden.

Lösung

Aufgabe 1:
fragen, antworten, vorschlagen, beschließen, beteuern, jauchzen, rufen, stottern, brüllen, knurren, grollen, erzählen, schreien, murmeln, stöhnen, hinzufügen, wettern, murren, entgegnen, schimpfen, kreischen, feststellen, vermuten, dichten, meinen

Aufgabe 2:
z. B. berichten, erklären, bemerken, ausplaudern

Aufgabe 3:
sagen: z. B. fragen, klagen, wagen, tagen, tragen, Magen, Tagen
lachte: z. B. brachte, dachte, erwachte, krachte, machte, sachte

Aufgabe 4:

> An einem schönen Sommertag,
> als ich auf einer Wiese lag,
> da störte mich lautes Gebell
> von einem Hund mit braunem Fell.
> Ein Junge hetzte hinterher,
> den Hund zu fassen, fiel ihm schwer.
> Und dann: o weh, ojemine,
> biss mich der Hund glatt in den Zeh!
> „Ich bin kein Würstchen!", klang mein Wort.
> Dem Hund war's wurst, er war schon fort.

Gesprächs- und Schreibanlässe

Zum 4. Kapitel
Samuel und seine dunkle Welt
- Warum ist Frodo wohl für Samuel so wichtig, obwohl er kein Blindenführhund ist?
- Warum ist Samuel selten draußen?
- Warum hatte er bisher keine Freunde in Mieringen?
- Warum haben sich seine früheren Freunde von ihm abgewandt?
- Wie fühlst du dich, wenn es ganz dunkel ist (z. B. bei Stromausfall, nachts im Wald)?

- Samuel will Tontechniker werden. Hast du schon eine Idee, welchen Beruf du später ausüben möchtest?

Zum 5. Kapitel
Im Kopf sehen
- Samuel kennt das Aussehen seiner Eltern nur von früher. Schließ die Augen. Versuche dir eine Person vorzustellen, die du lange nicht gesehen hast. Beschreibe sie.
- Samuel sagt, auch Benni sehe Bilder von Dingen, die er nie gesehen hat, z. B. beim Lesen. Wenn du ein Buch liest, siehst du dann Bilder? Läuft die Geschichte bei dir wie in einem Film ab?
- Wie ist es für dich, wenn du einen Film siehst und die Geschichte schon aus einem Buch kennst?

Zum 6. Kapitel
Dazugehören
- Benni freundet sich mit Samuel an. Kannst du dir vorstellen, einen behinderten Freund oder eine behinderte Freundin zu haben? Warum oder warum nicht?
- Samuel möchte gern auch in der Clique sein. Was kann er? Was nicht? Welche Probleme könnten daraus entstehen? Hältst du sie für lösbar?

Elternsorgen
- Samuels Mutter hat Angst, dass ihrem Sohn etwas passiert. Kannst du sie verstehen?
- Verstehst du Samuel, dass er mehr unternehmen will, als seine Mutter ihm zutraut?
- Haben deine Eltern auch manchmal Angst, wenn du etwas machst, das sie für gefährlich halten?

Gemeinheiten
- Samuel wird oft von anderen beschimpft. Was hältst du davon?
- Hast du schon erlebt, wie jemand beschimpft, bedroht oder gar gemobbt wurde? Ist es dir selbst schon passiert?
- Als Samuel Angst hat, friert und zittert er trotz Hitze und beginnt zu heulen. Wann hattest du Angst? Wie hat es sich angefühlt? Was hast du gemacht?

Die Bande
- Was für eine Bande könnten die Kinder gründen?
- Würdest du Samuel in deine Bande aufnehmen? Warum oder warum nicht?

Eiszeit
- Welches Eis magst du am liebsten?
- Die Kinder erfinden Eissorten. Welche Sorte würdest du erfinden?

Kreativ aktiv

Ohne Augen sehen
- Bringt von zu Hause Plüschtiere mit und sammelt sie in einem großen Sack. Zieht jeweils eines mit verbundenen Augen heraus. Was ist es?
- Versucht euch mit verbundenen Augen im Klassenzimmer zu orientieren. Findet einen weit entfernten Punkt durch Tasten und Zuruf von Klassenkameraden. (Besprechen Sie vorher mit den Schülern, wer welche Anweisungen gibt. Einfacher ist es mit Richtungsangaben, schwerer, nur Ansagen wie „hier her" zu folgen.)
- Bauen Sie einen Blindenparcours in der Turnhalle auf. Als Hindernisse können Sie z. B. Bänke, Kästen und Matten nutzen. Mit geöffneten Augen prägen sich die Schüler den Parcours ein. Dann lassen sie sich von einem Partner führen, ertasten den Weg mit einem Stock oder versuchen den Weg mit oder ohne Zuruf zu finden. Schwieriger wird die Aufgabe, wenn Sie den Parcours verändern. Sagen Sie die Änderungen an, lassen Sie sie die Kinder aber nicht anschauen.

Samuels Welt
- Zeichne Samuels Zimmer.
- Schreibe einem Klassenkameraden eine kurze Mitteilung in Blindenschrift.
- Hört euch gemeinsam ein Kapitel eines Hörspiels an. Macht Notizen: Welche Geräusche hört ihr? Nachdem ihr euch darüber ausgetauscht habt, hört ihr es euch noch einmal an.
- Schaut Vogelbilder an, hört Vogelstimmen (CD oder *www.nabu.de/aktionenundprojekte/stundedergarten-voegel/die40haeufigstengartenvoegel/index.html)* und versucht, sie zuzuordnen. Wie viele könnt ihr unterscheiden? Wer kann welche erkennen?

Noch ein Gedicht
- Beschreibe dich mit einem gereimten Zwei- bis Vierzeiler.
- Überlegt euch gemeinsam ein Klassengedicht. Woran kann man eure Klasse erkennen? Was ist an euch besonders? Beginnt am besten mit einer Stichpunktsammlung: Was soll im Gedicht vorkommen? Womit soll es beginnen? Wenn ihr keinen passenden Reim findet, müsst ihr Synonyme finden oder den Satz umstellen.
  Beispiel:
  Wir 22 Schüler kommen aus der Klasse fünf.
  Wir haben Witz und Power und wir halten fest zusammen.
  Änderung:
  22 Schüler aus der Fünften, das sind wir.
  Power, Witz, Zusammenhalt, da stehen wir dafür.

(Keine) Geheimschrift

Der Franzose Louis Braille wurde im Jahre 1809 geboren und erblindete durch eine Verletzung schon als kleiner Junge. Die damalige Blindenschrift fand Louis zu kompliziert. Deshalb erfand er eine tastbare Schrift, die aus sechs Punkten aufgebaut ist und alle Buchstaben des Alphabets umfasst. Mithilfe der Brailleschrift lesen heute blinde Menschen auf der ganzen Welt.

So sieht das Alphabet in der Brailleschrift aus:

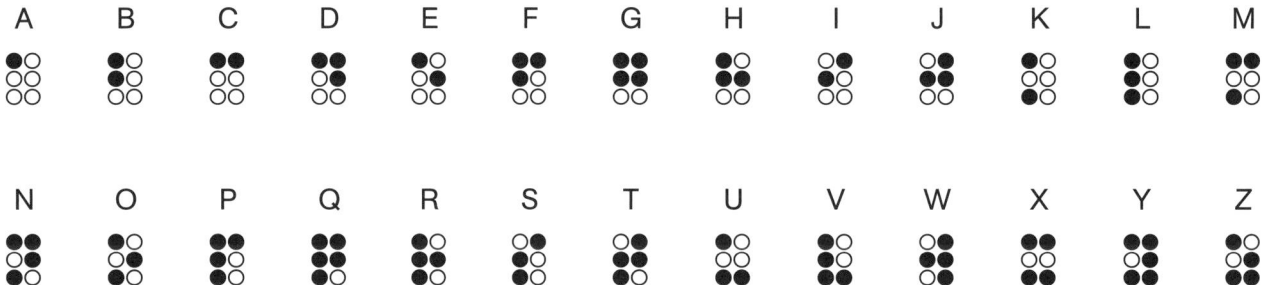

Die ausgefüllten Kreise sind als Punkte fühlbar. Die anderen dienen hier nur zur besseren Übersicht. Auch Umlaute, Zahlen und Satzzeichen lassen sich mit dieser Schrift darstellen.

 Was steht hier? Schreibe es auf.

 _____

 Schreibe deinen Namen in Blindenschrift.

 Bastle einen Blindenschrift-Lesekasten.

Du brauchst:
- eine kleine Schachtel
- Stecknadeln mit Glaskopf
- zwei Lineale
- eine große Schachtel oder ein Tuch

So geht's:
- In die kleine Schachtel steckst du mithilfe der Stecknadeln ein einfaches Wort in Brailleschrift.
- Als Lesehilfe legst du oben und unten je ein Lineal an.
- Verwende eine größere Schachtel oder ein Tuch als Sichtschutz.
- Wer kann das Wort ertasten?

Allerlei Hilfe

✏️➤ Was ist richtig, was ist falsch? Kreuze an.

	richtig	falsch
1. Jeder Hund kann Blindenführhund werden.	☐	☐
2. Ein Blindenstock oder Langstock ist meistens weiß und hat unten eine Kugel.	☐	☐
3. Blinde führt man, indem man sie mit beiden Händen von hinten schiebt.	☐	☐
4. Blindenschrift besteht aus fühlbaren Punkten.	☐	☐
5. Die Sprachausgabe liest Texte aus Büchern in Blindenschrift vor.	☐	☐
6. Mit der Braillezeile können Blinde die Texte vom Computerbildschirm lesen.	☐	☐

✏️➤ Wie verhältst du dich, wenn du einen blinden Menschen am Straßenrand stehen siehst?
Unterstreiche den richtigen Satz.

1. Ich beachte ihn nicht, weil ich ihn ja nicht kenne.

2. Ich schiebe ihn über die Straße, wenn ich sehe, dass er sich nicht alleine traut.

3. Ich frage ihn freundlich, ob er Hilfe braucht. Wenn ja, biete ich meinen Arm als Führungshilfe an.

✏️➤ Begründe kurz deine Auswahl.

_____

_____

✏️➤ Wer braucht welche Hilfsmittel? Male die Kästen an: rot = blind / sehbehindert,
blau = gehörlos / schwerhörig, grün = gehbehindert.

Blindenstock   Hörgerät   Krücken   Rollstuhl

Braillezeile   Treppenlift   Rollator   Untertitel bei Filmen

akustische Filmbeschreibung

Farberkennungsgerät   Klingel mit Lichtsignal

Wecker mit Vibrationskissen   Computer mit Sprachausgabe

Hürden im Alltag

Barrierefreiheit bedeutet, dass Gebäude und Umwelt so gestaltet sind, dass Menschen mit Behinderungen sie problemlos nutzen können. Deshalb werden für Rollstuhlfahrer in öffentlichen Gebäuden Rampen oder Aufzüge als Ersatz für Treppen gebaut. Blinde finden auf vielen Bahnhöfen ein Leitsystem, das meist aus weiß eingefärbten Rillenplatten besteht. So können sie sich mit ihrem Langstock besser orientieren. In vielen Fahrstühlen können sie mithilfe der Blindenschrift den richtigen Knopf ertasten, eine Stimme sagt ihnen, wann sie im gewünschten Stockwerk sind.

 Schau dich auf deinem Schulweg, in der Stadt und zu Hause um. Wo kannst du weitere Hilfen für Rollstuhlfahrer oder Blinde entdecken? Bringe sie mit, soweit möglich. Notiere oder fotografiere ansonsten, was du entdeckt hast.

 Gestaltet in der Klasse zwei Plakate. Auf einem sammelt ihr Notizen, Fotos und Zeichnungen zu den Hilfsmitteln für Blinde, auf dem anderen für Rollstuhlfahrer.

 Untersucht gemeinsam, ob eure Schule behindertengerecht ist.

- Ist das Schulgebäude für Rollstuhlfahrer zugänglich?
- Können Rollstuhlfahrer alle Stockwerke erreichen?
- Gibt es Toiletten, die für Rollstuhlfahrer geeignet sind?
- Können sich Blinde in eurem Schulhaus und auf dem Hof orientieren?
- Gibt es unnötige Hindernisse und Stolperfallen, die Blinden und Rollstuhlfahrern den Weg erschweren?

✏ Was kann man an eurer Schule verbessern, um behinderten Schülern das tägliche Leben zu erleichtern?

_____

_____

_____

_____

Sammelt eure Ideen und sprecht darüber, ob und wie sie sich umsetzen lassen.

 Materialien und Kopiervorlagen zu: Judith Le Huray, Die Kellerschnüffler © Hase und Igel Verlag, Garching b. München

Tatsachen und Vorurteile

„Der Krüppel? Der ist doch nicht ganz dicht", sagt Michael, als Benni vorschlägt, Samuel mit zum See zu nehmen. Das ist ein Vorurteil, weil Michael Samuel noch gar nicht kennt.

✏️ Male die Sprechblasen an: grün für Tatsachen, rot für Vorurteile.

Samuel ist ein Angsthase.

Mit Mitleid ist Blinden und Behinderten nicht geholfen.

Samuel kann nicht allein Fahrrad fahren.

Blinde können nichts ohne fremde Hilfe.

Behinderte sind dumm.

Allein einzukaufen ist für Blinde schwierig.

Blinden fällt es oft schwerer, sich zu orientieren.

Bei Blinden sind Gehör, Geruchssinn und Tastsinn oft besser trainiert.

Wer blind ist, hört und riecht automatisch besser.

Wenn man blind ist, macht das Leben keinen Spaß mehr.

✏️ Samuel wird oft von anderen beschimpft oder verhöhnt (Michael, Tom, Jungen am Badesee). Warum machen sie das?

_____

_____

_____

Welchen der folgenden Aussagen stimmst du zu? Kreuze an. Diskutiert über eure Ergebnisse.

☐ Mit Vorurteilen macht man es sich viel zu einfach.

☐ Vorurteile sind wichtig. Man kann gar nicht jeden Einzelfall prüfen.

☐ Vorurteile sind viel öfter wahr, als manche uns einreden wollen.

☐ Vorurteile dienen häufig dazu, selbst gut dazustehen.

☐ Vorurteile fördern Schubladendenken. Mit der Wirklichkeit haben sie wenig zu tun.

☐ Vorurteile sind gefährlich, weil dadurch oft Menschen ungerecht behandelt werden.

☐ Durch Vorurteile kann man sich besser von anderen abgrenzen, das ist gut so.

☐ Vorurteile dienen häufig dazu, eine Gruppe nach innen zusammenzuschweißen.

Anders gesagt

  Im 6. Kapitel kannst du viele Wörter für das Wort „sagen" entdecken. Schreibe mindestens zehn davon im Infinitiv (in der Grundform) auf.

motzen, klarstellen, _____

_____

_____

Fallen dir noch weitere Wörter für „sagen" ein? Schreibe sie auf.

_____

Samuel dichtet gern. Welche Reime fallen dir zu folgenden Wörtern ein?

sagen: _____

lachte: _____

  Als Benni zu dichten versucht, klappt es nicht so ganz. Hilf ihm dabei. Ersetzte die schräg gedruckten Wörter durch passende Reime. Beachte auch den Rhythmus des Gedichts.

> An einem schönen Sommertag,
>
> als ich auf einer Wiese *schlummerte* _____,
>
> da störte mich lautes Gebell
>
> von einem Hund mit braunem *Ohr* _____.
>
> Ein Junge hetzte hinterher,
>
> den Hund zu fassen, fiel ihm *leicht* _____.
>
> Und dann: o weh, ojemine,
>
> biss mich der Hund glatt in den *Fuß* _____!
>
> „Ich bin kein Würstchen!", klang mein Wort.
>
> Dem Hund war's wurst, er war schon *im Wasser* _____.

7. bis 10. Kapitel: Eine Aufgabe für die Bande

Inhalt

(7) Als die Kinder sich auf dem Spielplatz treffen, beobachten sie den Obdachlosen Ingo, der Pfandflaschen aus dem Abfall fischt.

Karo kommt zu spät, dafür aber mit einer Neuigkeit: Beim Freund ihres Bruders ist vergangene Nacht im Keller eingebrochen worden. Die Clique inspiziert den Tatort und erfährt, dass ein nagelneues, recht teures Rennrad gestohlen wurde. Samuel meint, Zigarettenrauch zu riechen. Da niemand im Haus raucht und sie auch eine Zigarettenkippe finden, könnte das eine Spur sein. Die Bande hat nun eine Aufgabe: einen Fall, um den sie sich kümmern will.

(8) Als ersten Verdächtigen nimmt die Bande Ingo ins Visier. Die Kinder beschließen, ihn zu beobachten und außerdem im Ort nach Spuren und dem Rad zu suchen.

Benni, Moritz und Samuel, inzwischen dank Benni mit neongrüner Sonnenbrille, suchen vergeblich am Blinkersee. Charly und Karo sind Ingo auf den Fersen und verfolgen ihn ins Wäldchen. Nervös warten die anderen auf einen Anruf der Mädchen. Als die beiden endlich zurück sind, berichten sie, dass Ingo in einer Höhle im Wald lebt. Vier der Kinder machen sich auf den Weg, die Höhle zu durchsuchen. Zwar sieht es dort etwas gruselig aus, aber weder ein Rad noch ein Hinweis auf den Diebstahl ist in der armseligen Bleibe zu finden. Außerdem wühlt Ingo noch immer im Müll, was nicht für plötzlichen Geldsegen spricht.

(9) Eigentlich sollen die Kinder sich um den Garten von Charlys und Moritz' Opa kümmern, aber dann kommt ein neuer Einbruch dazwischen: Einem kleinen Mädchen wurde nachts das Fahrrad aus dem Keller gestohlen. So früh am Morgen sind die Spuren noch frisch. Samuel erkennt deutlich den Zigarettengeruch, auch die anderen können ihn diesmal erschnüffeln. Tatsächlich finden sie vor dem Haus einen Zigarettenstummel derselben Marke wie beim letzten Einbruch. Außerdem liegt der Hauch eines Rasierwassers in der Luft.

Während der Gartenarbeit werden Fakten gesammelt und eine der Zigaretten angezündet. Die Kinder sind sich sicher: Der Einbrecher raucht diese Marke. Bald ist auch ein Name für die Bande gefunden: die Kellerschnüffler.

(10) Da Ingo vermutlich unschuldig ist, verdächtigen einige der Kinder pauschal Arbeitslose und Türken, was zu heftigen Diskussionen führt.

Samuel will herausfinden, welches Rasierwasser der Dieb benutzt. Mit Benni sammelt er Geruchsproben im Drogeriemarkt.

Auch bei einer erneuten Suchaktion findet niemand eine Spur von den Rädern. Es stellt sich heraus: Karos Schwarm Devin und seine Freunde waren verreist, also fallen die von Michael und Tom verdächtigten Türken als Täter aus.

Zu den Kopiervorlagen

Wörter gesucht
Mithilfe des Rätsels wird überprüft, ob die Schüler den Roman bis einschließlich zum 8. Kapitel aufmerksam gelesen haben. Das Lösungswort ermöglicht eine Selbstkontrolle.

Lösung

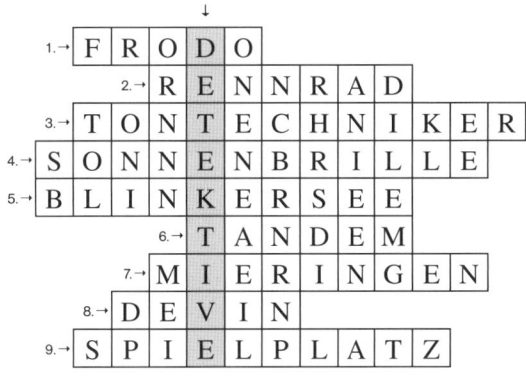

Lösungswort: D E T E K T I V E

Detektivarbeit
Genaues Lesen und Hinsehen mit detektivischer Forschungsarbeit sind erforderlich, wenn die Diebstähle vom 7. bis 9. Kapitel untersucht werden. Leistungsschwächere Kinder arbeiten in Kleingruppen zusammen.

Lösung
Aufgabe 1:

	Diebstahl 1	Diebstahl 2
Wer wurde bestohlen? (Name)	Justin	Nora
Was wurde gestohlen? Beschreibe das Diebesgut möglichst genau.	Rennrad, 30 Gänge, weißer Rahmen mit blauer Schrift, Lenker blau	Mädchenfahrrad, pink mit Pferden drauf
Wo war der Tatort?	Keller von Justins Wohnhaus (Dreifamilienhaus), neben Werkzeugschrank	Keller von Noras Wohnhaus (Mehrfamilienhaus), neben Puppenküche

Wann etwa war die Tatzeit?	in der Nacht davor, zwischen elf Uhr <u>nachts</u> und acht Uhr <u>morgens</u>	<u>nachts</u> oder <u>früher Morgen</u>
Welche Spuren gab es?	<u>Geruch</u> von <u>Zigarettenrauch</u>, <u>Zigaretten-stummel</u>	<u>Geruch</u> von <u>Zigarettenrauch</u> und <u>Rasierwasser</u> oder Deo (Zitrone), <u>Zigaretten-stummel</u>

Aufgabe 2:
Vermutlich kommt der Dieb nachts oder am frühen Morgen und raucht Zigaretten. Er stiehlt Fahrräder aus Kellern von Mehrfamilienhäusern.

Im Garten

Manche Kinder wissen nicht, woher die verschiedenen Lebensmittel kommen – es gibt sie ja im Supermarkt zu kaufen. Was am Baum oder im Boden wächst, von der Kuh kommt oder industriell hergestellt wird, ist oft nicht bekannt.

Die erste Aufgabe auf der Kopiervorlage verknüpft Rechtschreibung mit einfachen biologischen Grundlagen rund um den Garten. In der zweiten Aufgabe sind Vögel und Pflanzen zu unterscheiden, die dritte Aufgabe widmet sich der Gartenarbeit.

Präsentieren Sie den Kindern die Pflanzen und Vögel bildlich und möglichst mit kurzen Details, damit die Schüler nicht nur mit Worten ohne näheren Bezug konfrontiert werden. Infos mit Fotos und Vogelstimmen finden Sie unter *www.nabu.de/aktionenundprojekte/stundedergartenvoegel/die40haeufigstengartenvoegel*.

Lösung
Aufgabe 1:

am Baum	an Strauch oder Ranke	auf der Erde	unter der Erde
Kirschen	Stachelbeeren	Spinat	Kartoffeln
Birnen	Erbsen	Blumenkohl	Radieschen
Äpfel	Himbeeren	Erdbeeren	Karotten
Pfirsiche	Tomaten	Kopfsalat	Zwiebeln

Aufgabe 2:
Bachstelze, Gartenbaumläufer, Tannenmeise, Buchfink, Goldammer

Aufgabe 3:
nähen, jonglieren, tapezieren, abstempeln

Hallo, wer da?

Das Handy ist heute aus dem Leben der meisten Jugendlichen nicht mehr wegzudenken. Von dem unvollständigen Handydialog im Buch ausgehend machen sich die Schüler Gedanken über situationsangepasste Kommunikationsformen. Es ist davon auszugehen, dass in unserer Zeit so manche Beziehung per SMS oder Chat beendet wird. Welche Vor- und Nachteile die verschiedenen Formen, miteinander in Kontakt zu treten, für den „Absender" und für den „Adressaten" haben, kann nach der Bearbeitung von Aufgabe 2 im Klassengespräch vertieft werden.

Mögliche Lösung
Aufgabe 1:

Ohne Töne

Gehörlose und stark Schwerhörige benutzen für die Kommunikation untereinander die Gebärdensprache. Handzeichen, Mimik und Gestik dienen der Verständigung. Die Gebärdensprachen, die übrigens auch Dialekte kennen, sind einer eigenen Grammatik unterworfen und ebenso komplex wie gesprochene Sprachen.

Infos dazu finden Sie auf der Seite *www.gehoerlosenbund.de* unter „Info/FAQ". Kurze Videosequenzen zur Gebärdensprache gibt es auf *www.gebaerdenlexikon.ch*.

Kinder entwickeln häufig eigene Fingeralphabete, die an die Gebärdensprache angelehnt sind, sich aber mehr an den geschriebenen Buchstaben orientieren. Spannend ist es, eine klasseneigene Fingersprache zu entwickeln.

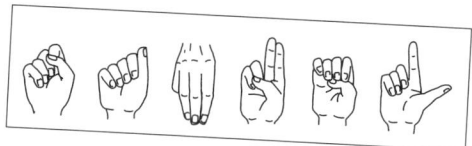

Gesprächs- und Schreibanlässe

Zum 7. Kapitel
Arm dran
- Ingo ist arbeitslos und sucht Pfandflaschen im Müll. Warum tut er das? Was hältst du davon?
- Gibt es Armut auch in Deutschland?
- Wodurch können Menschen arm werden?
- Welche Probleme ergeben sich bei Familien oder Einzelnen durch extremen Geldmangel?
- Fällt dir etwas ein, das glücklich macht, das man aber nicht mit Geld kaufen kann?

Spürnasen
- Warum steckt Samuel den gefundenen Zigarettenstummel ein?
- Die Mädchen verfolgen Ingo in den Wald. Hättet ihr das an ihrer Stelle auch gemacht? Warum (nicht)?
- Was können Hunde besser als Menschen? (riechen, hören, nachts sehen)
- Warum braucht ein Spürhund eine Ausbildung?

Zum 9. Kapitel
Redensarten
- „Der frühe Vogel fängt den Wurm." Was soll das heißen?
- Wer kennt weitere Redensarten? Was bedeuten sie?

Rauchen
- Als Tom an der Zigarette zieht, muss er husten und wird blass. Warum ist rauchen ungesund?
- Warum sollten Kinder und Jugendliche auf keinen Fall rauchen?

Zum 10. Kapitel
Recht und Unrecht
- Michael meint, alle Türken seien Diebe. Was sagst du dazu?
- Wie schlimm ist klauen?
- Was ist, wenn man etwas findet? Was muss man abgeben? Was passiert dann? (Ab einem Wert von 10 Euro muss man den Fund im Fundbüro abgeben; Finderlohn: ca. 5 %.)

- Dackel Waldemar macht gern in den Sandkasten auf dem Spielplatz. Was sagt ihr dazu? Was muss ein Hundebesitzer tun, wenn das passiert? (mit Tüte entfernen)

Telefon und Handy
- Wie meldet man sich am Festnetztelefon oder Handy?
- Wie führt man ein Telefonat mit Unbekannten, z.B. einer Person auf einem Amt?
- Zu welchen Zeiten kann man wo anrufen?
- Wem gebe ich meine Telefonnummer / Handynummer, wem nicht?
- Was ist beim Umgang mit dem Handy oder Smartphone zu beachten?
- Stellt euch Folgendes vor: Durch ein Unwetter ist das Telefon- und Handynetz samt Internet einer kompletten Stadt für eine Woche lahmgelegt. Was bewirkt der Ausfall? Was ändert sich dadurch im privaten und geschäftlichen Leben?

Kreativ aktiv

Augen
- Zeichne Samuel mit seiner Sonnenbrille.
- Im 10. Kapitel überlegen die Kinder, wie Mieringen auf dem Kopf aussehen würde. Zeichne ein Bild mit dem Titel: Unsere Schule steht auf dem Kopf.

Nase
- Bauen Sie einen Geruchsparcours auf: Legen bzw. schütten Sie ca. 20 Dinge (z. B. verschiedene Säfte, einige Parfümproben, Erde, Gras) in möglichst gleiche Behälter (z. B. Marmeladengläser). Verbinden Sie einigen Schülern mit Tüchern die Augen. Wer kann die meisten Dinge richtig herausfinden und ist ein guter Schnüffler?
- Besorgen Sie sich zehn Parfümproben oder lassen Sie die Schüler welche mitbringen. Die Kinder riechen daran und versuchen, sich den Duft zu merken. 15 Minuten später sollen sie die Proben wieder am Geruch erkennen.

Natur
- Machen Sie mit Ihrer Klasse einen Spaziergang durch Gärten, Felder oder Wälder. Was wächst wo? Was kann man essen?
- Besuchen Sie mit den Schülern einen Gartenbau- oder Landwirtschaftsbetrieb, wenn möglich, um die Arbeit eines Gärtners sowie Anbau und Entwicklung von Pflanzen (evtl. Obst und Gemüse) zu veranschaulichen.

Kommunikation

- Schreibt einen privaten Brief (z. B. an die Autorin) und adressiert ihn. Beachtet dabei Anrede- und Grußfloskeln sowie die richtige Beschriftung des Umschlags.
- Schreibt eine E-Mail (z. B. an die Autorin). Achtet dabei auf einen aussagekräftigen Betreff sowie auf Anrede- und Grußfloskeln.
- Lassen Sie die Schüler im Rollenspiel verschiedene Telefonate (z. B. mit Freunden, einem Telefonverkäufer, der Schulleitung, der Arztpraxis) führen. Wie meldet man sich? Auf welche Weise vermittle ich der jeweiligen Person mein Anliegen? Die Schüler lernen dabei die Unterschiede zwischen privater und formeller Kommunikation kennen und versuchen sie zu beachten.

Wörter gesucht

  Wenn du das Buch bis jetzt aufmerksam gelesen hast, findest du sicher alle Antworten. Trage sie waagerecht in Großbuchstaben ein und schreibe das Lösungswort auf.

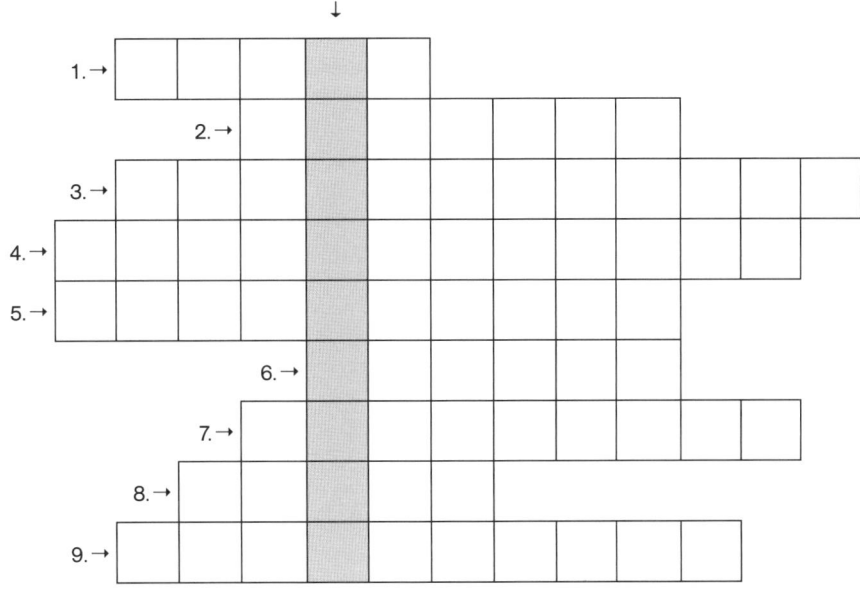

1. Wie heißt Samuels Hund?
2. Was wurde aus Justins Keller gestohlen?
3. Was möchte Samuel von Beruf werden?
4. Was ist grün und Bennis Geschenk für Samuel?
5. Wie heißt der See, in dem die Kinder baden?
6. Wie nennt man ein Zwei-Mann-Fahrrad?
7. In welcher Stadt spielt die Geschichte?
8. Wie heißt Karos Schwarm?
9. Wo ist der Treffpunkt der Kinder, nahe bei Samuels Haus?

Lösungswort:

Detektivarbeit

✏️ Bist du ein guter Detektiv? Lies auf den Seiten 49 bis 52 und 67 bis 70 noch einmal alles über die beiden Diebstähle nach. Notiere die Fakten.

	Diebstahl 1	Diebstahl 2
Wer wurde bestohlen (Name)?		
Was wurde gestohlen? Beschreibe das Diebesgut möglichst genau.		
Wo war der Tatort?		
Wann etwa war die Tatzeit?		
Welche Spuren gab es?		

✏️ Was ist bei Diebstahl 1 und 2 gleich? Unterstreiche in der Tabelle und fasse die Gemeinsamkeiten dann in einem Satz zusammen.

_____

_____

_____

Im Garten

Die Kellerschnüffler helfen Charlys und Moritz' Opa im Garten. Kennst du dich damit aus? Weißt du, welches Gemüse und Obst wo wächst?

 Trage das Obst und Gemüse in die richtige Spalte ein. Korrigiere dabei die Rechtschreibfehler.

| Stachlbeeren | Erpsen | Himmbeeren | Kirrschen | Kardoffeln |

| Spinaht | Biernen | Blumenkol | Erdberen | Tommaten | Radiechen |

| Kopfsalaht | Karoten | Zwübeln | Äpfeln | Firsiche |

am Baum	an Strauch oder Ranke	auf der Erde	unter der Erde
_____	_____	_____	_____
_____	_____	_____	_____
_____	_____	_____	_____
_____	_____	_____	_____

 Im Garten haben sich fünf Vögel zwischen den Pflanzen versteckt. Kreise sie ein.

Stiefmütterchen   Buschwindröschen   Hagebutte   **Vergissmeinnicht**   Bachstelze

Hainbuche   Gartenbaumläufer   Sommerflieder   Tannenmeise

Johannisbeerstrauch   **Löwenzahn**   Storchschnabel   Vogelbeere

Ackerwinde   Buchfink   **Knöterich**   Goldammer

 Frau Zwerger übertreibt ein wenig. Streiche die vier Begriffe durch, die nichts mit Gartenarbeit zu tun haben.

> Puh, ich hab so viel Gartenarbeit: mähen, jäten, nähen, gießen, ernten, umgraben, jonglieren, hacken, säen, rechen, tapezieren, einpflanzen, abstempeln, pflücken, düngen …

Hallo, wer da?

 Karo telefoniert mit Devin. Schreibe auf, was Devin sagen könnte.

Karo

Devin

Hallo Devin! Warum hast du dich nicht gemeldet?

Weg? Wo denn?

Jetzt? Ja, ich bin gerade auf dem Spielplatz.

Bis gleich!

 Was machst du wie? Kreuze jeweils die Form von Kommunikation an, die aus deiner Sicht am besten passt.

	persön- lich	Brief oder Karte	E-Mail	Telefon- gespräch	SMS	Chat
zum Geburtstag einladen						
Verabredung absagen						
wegen Hausauf- gaben nachfragen						
mit Freund / Freundin Schluss machen						
sich auf die Schnelle verabreden						
Neuigkeiten mit Freunden aus- tauschen						
aus dem Urlaub grüßen						

Ohne Töne

Gehörlose benutzen die Gebärdensprache, um miteinander zu sprechen. Dazu nutzen sie die Finger, die Mimik und sogar ihren ganzen Körper. Wenn etwas buchstabiert werden soll, hilft ihnen das Fingeralphabet.

 Bilde deinen Namen in der Fingersprache und lerne ihn auswendig.

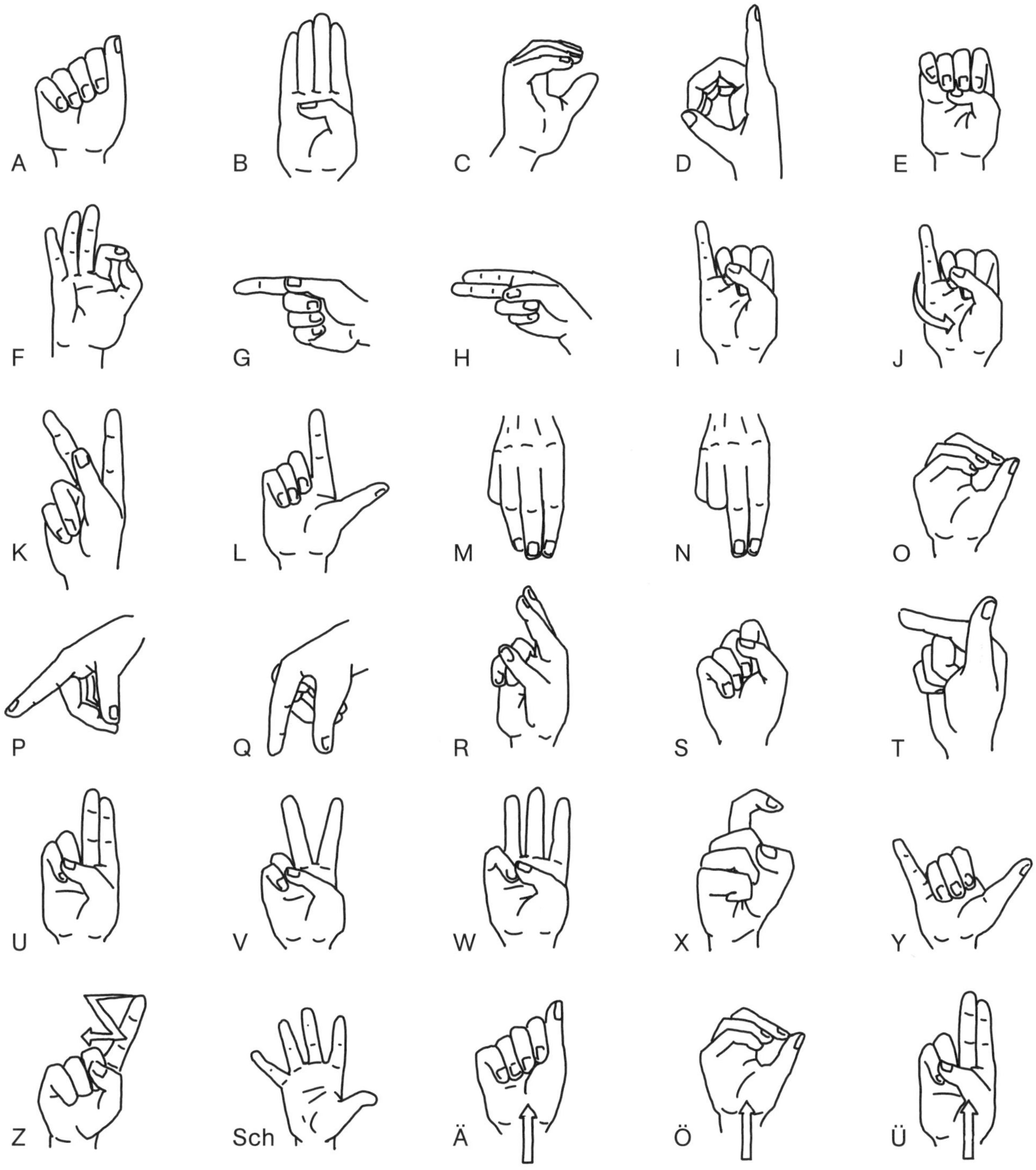

A B C D E

F G H I J

K L M N O

P Q R S T

U V W X Y

Z Sch Ä Ö Ü

 Bildet einfache Wörter und Sätze und lest sie euch gegenseitig von den Händen ab.

Inhalt

(11) Benni besucht Samuel und sie sammeln gemeinsam, was sie über die Diebstähle wissen. Bei ihrer Überlegung, wo der Dieb die Räder verkaufen könnte, kommen sie auf das Internet. Tatsächlich entdecken sie die gestohlenen Räder in einem Internetauktionshaus, der Anbieter nennt sich „Dunkelkammer-02".

Am nächsten Morgen kommt Michael zu spät zum Treffen. Er hat beobachtet, wie die Polizei einen weiteren Fahrraddiebstahl aufgenommen hat. Die Kellerschnüffler schauen sich den Tatort an. Da die Bestohlenen nicht zu Hause sind, steigen die Kinder durchs Kellerfenster ein. Wieder hängt der bekannte Zigaretten- und Rasierwassergeruch in der Luft. Benni hat noch die Duftproben in der Tasche. So gelingt es ihnen, die Marke des Rasierwassers zu identifizieren. Michael steckt gerade im Fenster fest, als der Vater des bestohlenen Jungen auftaucht. Der Mann will die Polizei rufen, lässt sich dann aber von einer Ausrede überzeugen.

Gemeinsam sammeln die Kellerschnüffler bei Samuel alle Fakten. Sie beschließen, der Polizei vorerst nichts von ihren Erkenntnissen zu verraten, sondern selbst nach dem Täter zu suchen.

(12) Im Schrebergarten werden am Nachmittag weitere Informationen zu den Diebstählen gesammelt. Danach fahren Benni und Samuel zum Buchladen. Dort stellen sie fest, dass es nach Rasierwasser und Zigaretten riecht – denselben Marken, die der Dieb benutzt. Ist der nette Bücher-Wurm etwa der Täter?

Am nächsten Morgen am Blinkersee ist Tom sehr geknickt. Aufgrund der Indizien verdächtigt er seinen Schwager, die Räder gestohlen zu haben. Als Samuel und Benni berichten, was sie im Buchladen erschnüffelt haben, geht es Tom wieder besser.

(13) Die Hauptverdächtigen sollen mit einem Trick geködert werden. Beim Bücher-Wurm und vor Toms Schwager gibt es eine kleine Inszenierung der Kinder: Karo zeigt ein neues teures Fahrrad, mit dem sie angeblich am nächsten Morgen zu einer Fahrradtour aufbrechen will.

Die Kinder behaupten gegenüber ihren Eltern, gemeinsam im Gartenhaus zu übernachten. Tatsächlich treffen sie sich dort, haben aber in dieser Nacht noch etwas anderes vor.

Zu den Kopiervorlagen

KV Seite 35

Wer? Wie? Was?

Die Schüler müssen das 11. Kapitel genau lesen, um das Kreuzworträtsel lösen zu können. Etwas knifflig ist das Zusammensetzen des Lösungswortes aus den grau unterlegten Buchstaben. Weisen Sie die Kinder bei Schwierigkeiten darauf hin, dass das gesuchte Wort in dem Kapitel vorkommt.

Lösung

```
          10.↓        11.↓   3.↓
    F    9.→ K A T Z E   K          8.↓
    U              I     O          G
    S  4.→ M O U N T A I N B I K E
    S              R     T          R
    B      12.↓    O     A          U
7.→ S M A R T P H O N E   K          C
    L              U  E   T          H
6.→ K E L L E R F E N S T E R        S
          M        T                 P
2.→ Z E H N T A U S E N D            R
          L        E                 O
5.→ G R I L L                        B
                            1.→ F R I S E U R
                                 N
```

Lösungswort: D U N K E L K A M M E R

KV Seite 36

Die liebe Verwandtschaft

Verwandtschaftsverhältnisse werden auf dieser Seite untersucht und benannt. Dafür sind nicht nur die richtigen Begriffe zu finden, es wird zudem logisches Denken verlangt.

Die Ahnentafeln können auch ausführlicher auf ein großes Blatt gezeichnet und individuell gestaltet werden.

Lösung

Aufgabe 1:
Schwager/Schwägerin; Tante/Onkel; Cousin/Cousine; Oma oder Großmutter/Opa oder Großvater; Bruder/Schwester; Nichte/Neffe; Enkel/Enkelin

KV Seite 37

Mehr als nur Buchstaben

Rund ums Buch geht es auf dieser Kopiervorlage. Selbst Gelegenheitsleser können sicher ein Lieblingsbuch nennen, wobei auch Comics und Sachbücher akzeptiert werden sollten.

Trotz der starken Vereinfachung wird bei der zweiten und dritten Aufgabe deutlich, dass viele Menschen und Arbeitsschritte nötig sind, bis man ein Buch in Händen halten kann. Weiterführend können Sie darüber sprechen, wo man Bücher ausleihen bzw. kaufen kann und welche Beschaffungsmethode die Schüler favorisieren.

Lösung

Aufgabe 2:

Autorin: Judith Le Huray. Hat sich die Geschichte ausgedacht und sie aufgeschrieben.

Illustrator: Johann Brandstetter. Hat die Bilder für den Bucheinband und die Kapitelanfänge gezeichnet.

Verlag: Hase und Igel Verlag. Hat alle Beteiligten bezahlt, das Lektorat beheimatet (siehe dort), sich um rechtliche Dinge gekümmert, die Druckerei beauftragt, für die Verbreitung des Buches gesorgt (u. a. durch Werbung).

Lektorat: Patrik Eis, Birgit Fürst. Hat ggf. die Idee (mit-) entwickelt, den Auftrag an Autorin und Illustrator erteilt, Fehler korrigiert und Verbesserungsvorschläge gemacht, den Klappentext und die Werbetexte verfasst.

Aufgabe 3:

① Idee, ② Autor schreibt Manuskript, ③ Verlagszusage, ④ Lektorat korrigiert, ⑤ Illustrator zeichnet, ⑥ Text und Illustrationen werden gesetzt und layoutet, ⑦ Endkorrektur, ⑧ Buchdruck, ⑨ Buchbindung, ⑩ Lieferung an Buchhandel, ⑪ Leser kauft Buch

Hör mal!

Das Thema „Hörspiel" kann bereits begleitend zur Lektüre des 4. Kapitels vertieft werden. Stellen Sie den Schülern das benötigte Material zur Verfügung oder besprechen Sie mit ihnen, wer was mitbringt, damit die Geräusche umgesetzt werden können.

Weitere interessante Geräusche- und Hörspieltipps finden Sie im Internet unter:

*   *www.auditorix.de/fileadmin/erwachsene/media/00_geraeusche_komplett.pdf*
*   *www.blm.de/apps/documentbase/data/pdf1/2013_Handbuch_BLM_Radio_in_der_Schule.pdf*
*   *www.ohrenspitzer.de/fileadmin/Geraeusche_Spiele/Geraeusche_Alphabet.pdf*

Mini-Ohrenkrimi

Der kleine Krimi dient vor allem zu Übungszwecken, um in die „Hörspielproduktion" einzusteigen. Danach sollten Sie – falls ausreichend Zeit zur Verfügung steht – eine eigene, längere Geschichte gemeinsam vertonen. Falls Sie keine Aufnahmegeräte besitzen, können Sie notfalls auf Handys, Kameras mit Videofunktion oder ähnliche Hilfsmittel zurückgreifen. Videoaufnahmen können nachträglich z. B. in mp3-Format umgewandelt werden.

Umfangreiche Informationen für Aufnahme und Bearbeitung finden Sie unter *www.mediencamp.net/downloads/microsoft-word---audacity-final.pdf*

Es empfiehlt sich, nicht alles am Stück, sondern kurze Sequenzen aufzunehmen und diese später am PC zusammenzufügen. Sollten Sie sich dazu nicht in der Lage fühlen, lassen sich vermutlich technisch versierte Schüler finden, die diese Aufgabe gerne übernehmen.

Die komplette Klasse lässt sich in das Projekt integrieren. Für den „Mini-Ohrenkrimi" werden benötigt: Ansagerin, Erzähler, vier Hörspielsprecher (zwei Jungen, zwei Mädchen) und drei weitere Stimmen, ca. zehn Geräuschespezialisten (je nach Klassenstärke), Aufnahmetechniker und evtl. Computerspezialisten.

Gesprächs- und Schreibanlässe

Zum 11. Kapitel

Ernährung

Michael isst viel und trinkt süße Getränke, dadurch ist er recht dick. Deshalb bleibt er im Kellerfenster stecken.

*   Gibt es Menschen, die aus anderen Gründen dick werden? (Krankheiten, Hormonprobleme …)
*   Ist Michaels Ernährung gesund?
*   Wie könnte Michael sich ernähren, um etwas schlanker zu werden?
*   Was könnte er sonst noch tun?
*   Was ist gesunde Ernährung?
*   Was könnte der Grund dafür sein, dass Michael so viel isst? (Großeltern geben ihm zu viel zu essen; Vater viel weg → Trauer, Einsamkeit, Frustessen)
*   Warum essen manche Menschen zu wenig? (Armut, Stress, Schönheitswahn, Magersucht)

Zum 12. Kapitel

Schnappt den Dieb!

*   Sammelt Details zum dritten Fahrraddiebstahl. Vergleicht mit den Fakten der ersten beiden Fälle.
*   Die Kinder haben am Ende des 12. Kapitels tausend Einfälle, von denen 999 nicht zu gebrauchen sind. Welche Ideen habt ihr, um den oder die Fahrraddiebe zu überführen?

Zum 13. Kapitel

Hören und fühlen

*   Samuel erkennt seine Freunde, ohne sie zu sehen. Kannst du Leute am Schritt erkennen?
*   Beschreibe eine Person aus der Klasse (Geräusche, Geruch usw.) für einen Blinden. (Aufgepasst, dass es keine Beleidigungen gibt!)

- Im Buch wird beschrieben, was Samuel beim Schaukeln fühlt. Welches Gefühl hast du auf der Achterbahn / beim Sprung vom Fünf-Meter-Brett / beim Karussellfahren …?

Kreativ aktiv

Recherche im Internet
- Sucht in Internetauktionshäusern und Fahrradshops nach Rädern, die den gestohlenen entsprechen.
- Hört euch die Sprachausgabe eines Computers an. Beispiel: *www.bhvd.de/kkinfo/index.html* (dort sind auch Hilfsmittel für Blinde wie z. B. Braillezeile zu finden).
- Recherchiert für das Hörspiel im Internet nach Geräuschen und weiteren Tipps.

Geld zählen
- Benni bezahlt 12,90 € im Laden. Könnte Samuel das Wechselgeld zählen? Findet Markierungen und Hilfsmittel, z. B. unter *www.dbsv.org/ratgeber/rehabilitation/ alltagstricks/mit-bargeld-zahlen/*
- Ertastet verschiedene Münzen mit verbundenen Augen. Wer findet den exakten Betrag heraus?

Jede Menge Bücher
- Erforscht ergänzend zum Arbeitsblatt Seite 37, wie ein Buch entsteht. Wie sieht die Arbeit der einzelnen Beteiligten aus? (siehe z. B. Poster „Von der Idee zum Buch", kleine Ansicht und Bestellmöglichkeit unter *www.avj-online.de/publikationen/von_der_idee_zum_buch)*.
- Ladet einen Autor oder eine Autorin zu einer Lesung in eure Schule ein.
- Besucht eine Buchhandlung oder die örtliche Bücherei.

Hörspiel
Wie bereits bei den Erklärungen zu den Kopiervorlagen erwähnt, dient eine Hörspielproduktion dem Miteinander in der Klasse und der Förderung der Kreativität. Bei einem umfangreicheren gemeinsamen Hörspielprojekt werden verschiedene Begabungen der Schüler genutzt. Die einen liefern Ideen für die Geschichte, zusammen wird das „Drehbuch" überlegt, eine Person oder Gruppe schreibt alles auf, dann wird noch jemand benötigt, der dies in eine übersichtliche Form bringt und ausdruckt. Andere machen Geräusche, die nächsten sind Sprecher oder Techniker für Aufnahme und Schnitt. Sogar Musiker können untergebracht werden, für eine eigene spannende Filmmusik. Je nach Aufgabengebiet werden Kleingruppen gebildet, die 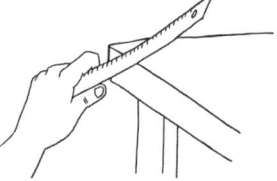 gemeinsam überlegen, wie sie ihre Arbeit verwirklichen können. Fantasie, Sprache, Gehör, technisches Verständnis, Experimentierfreude, konstruktive Zusammenarbeit und Durchhaltevermögen werden durch das Projekt gefordert und gefördert.

Die Klasse kann gemeinsam ein Hörspiel erarbeiten und einer anderen Klasse vorspielen. Oder es werden zwei Gruppen gebildet, die der jeweils anderen Gruppe ihr Ergebnis präsentieren.

Da Samuel einen Hörspielkrimi aufnimmt, ist es natürlich passend, ebenfalls einen Krimi zu kreieren. Auch Szenen aus dem Buch eignen sich zur Vertonung (z. B. Kellerszene 14. / 15. Kapitel). In diesem Fall würde die Autorin sich freuen, sie hören zu dürfen. Ihre Adresse ist zu finden auf der Website *www.judith-lehuray.de*.

Wer? Wie? Was?

 Im 11. Kapitel gibt es neue Informationen. Trage sie in Großbuchstaben ins Kreuzwort-rätsel ein (ß = SS). Wen oder was haben Samuel und Benni entdeckt? Die 12 Buch-staben aus den grauen Kästen ergeben, richtig sortiert, das Lösungswort.

1. Wer war der Dieb in Samuels Krimi-CD?
2. Wie viele Rennräder werden im Auktionshaus angeboten?
3. Was verbirgt sich auf Samuels Handy unter Taste 2?
4. Was für ein Fahrrad wurde beim dritten Diebstahl geklaut?
5. Was scheppert auf der Terrasse?
6. Was benutzen die Kinder als Hauseingang?
7. Womit beleuchten die Kinder den Keller?
8. Was hat Benni in seiner Hosentasche?
9. Was sucht Michael angeblich im Keller?
10. Was spielt Charly mit Malte?
11. Was gibt es bei Samuel zu trinken?
12. Welche Zigarettenmarke raucht der Täter?

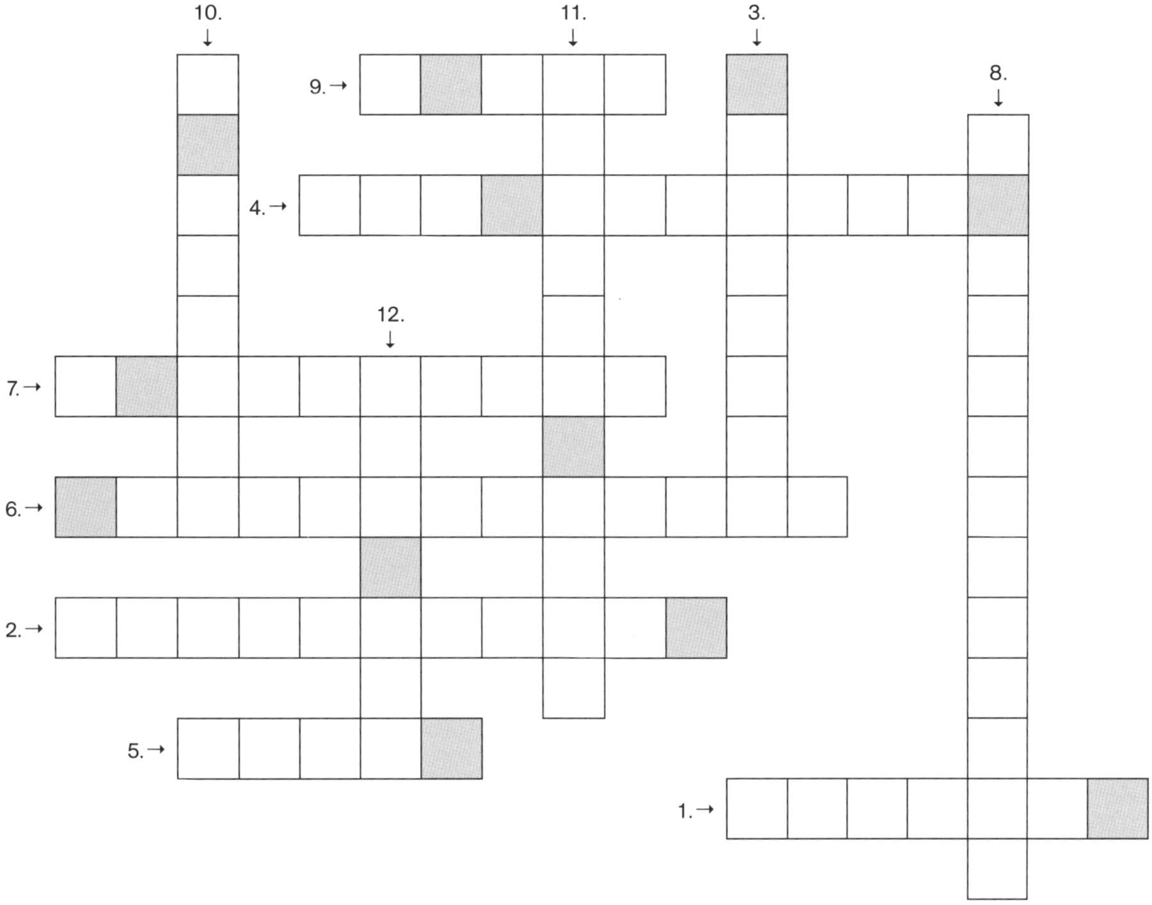

Lösungswort:

Die liebe Verwandtschaft

 Tom erzählt von seiner großen Verwandtschaft. Schreibe jeweils die richtige Bezeichnung und die des anderen Geschlechts auf.

Tom erzählt:	Bezeichnung	anderes Geschlecht
Der Mann meiner Schwester ist mein …		
Die Schwester meiner Mutter ist meine …		
Der Sohn meines Onkels ist mein …		
Die Mutter meines Vaters ist meine …		
Der Sohn meiner Mutter ist mein …		
Die Tochter meiner Schwester ist meine …		
Ich bin Omas …		

 Zeichne eine Ahnentafel deiner Familie. Trage deinen Namen und die Namen deiner Geschwister, Eltern und Großeltern ein. Schaffst du es auch, Onkel, Tanten, Cousinen und Cousins einzuzeichnen? Nutze ggf. die Rückseite.

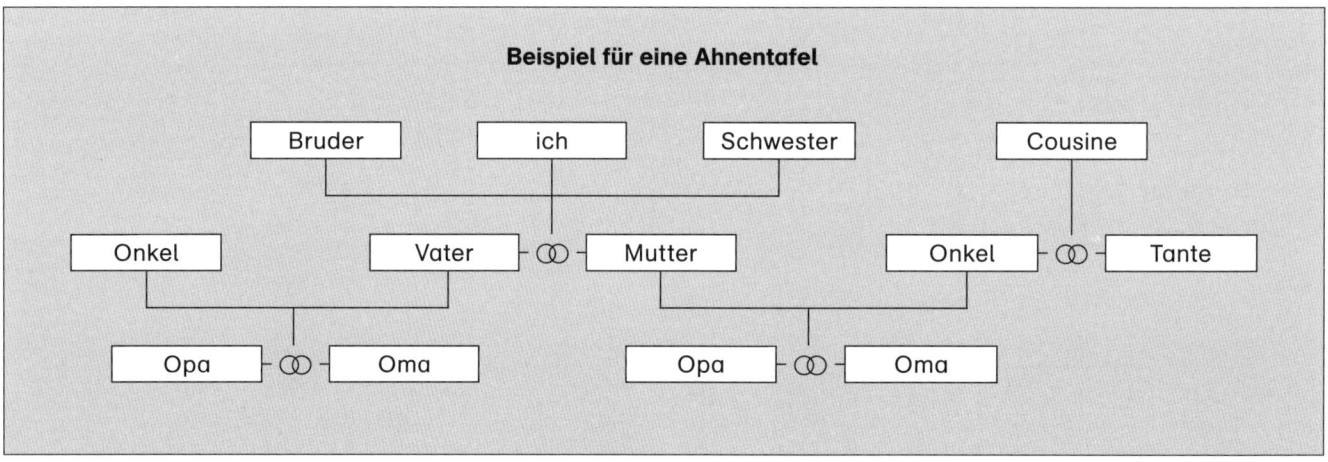

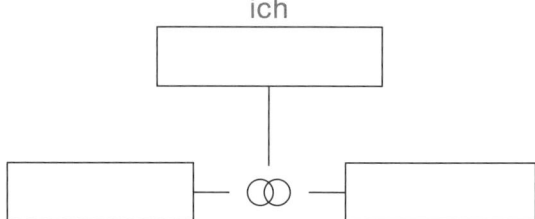

Mehr als nur Buchstaben

Benni holt im Buchladen einen Fantasy-Roman ab. Stell dir vor, du gehst mit einem Freund oder einer Freundin in einen Buchladen.

✏️ Schreibe auf, welches Buch du empfehlen würdest und warum.

Titel: _____ Autor: _____

Darum würde ich das Buch empfehlen: _____

_____

🔍 An einem Buch sind viele Menschen beteiligt. Trage die Namen für das Buch „Die Kellerschnüffler" ein. Was haben die Beteiligten gemacht?

	Name	Was hat er / sie gemacht?
Autorin		
Illustrator		
Verlag		
Lektorat		

🔍 Bis ein Roman in deinen Händen landet, muss er verschiedene Stationen durchlaufen. Nummeriere den Ablauf.

◯ Lektorat korrigiert   ◯ Lieferung an Buchhandel   ◯ Autor schreibt Manuskript

◯ Buchdruck   ◯ Buchbindung   ◯ Leser kauft Buch   ◯ Illustrator zeichnet

◯ Idee   ◯ Endkorrektur   ◯ Verlagszusage   ◯ Text und Illustrationen werden gesetzt und layoutet

Hör mal!

Samuel arbeitet an einem Hörspiel. Dazu werden viele Geräusche benötigt. Hier sind einige Tipps.

 Probiert die Geräusche aus und nehmt sie auf. Habt ihr noch eigene Ideen? Probiert auch diese aus und tragt sie unten ein.

Regentropfen	Reiskörner in Pappschachtel fallen lassen, Mikro 1 m entfernt
rauschender Regen	getrocknete Erbsen in Metallsieb hin- und herrollen
Hagel	Reis in Blechdose prasseln lassen, Mikro dicht daneben
Donner	großes, dünnes Blech mit beiden Händen kräftig schütteln
Wind	mit Kleiderbürste kreisförmig über Pappe streichen oder über den Rand einer Flasche / eines Glases mit Wasser pusten
Bach	Eimer mit Steinen und Wasser füllen, mit Gießkanne langsam Wasser hineingießen
Schritte	Schritte original aufnehmen oder zerknülltes Papier im Schrittrhythmus aneinanderreiben
Auto	original aufnehmen oder Rollschuhe hin- und herschieben
quietschende Reifen	mit einer Gabel auf einem Teller herumquietschen
Autounfall	Geräusch von quietschenden Reifen (s. o.), dann gleichzeitig mit Metall (z. B. Besteck) gefüllte Plastikwanne auf Boden fallen lassen und mit Hand auf Schranktür oder Tisch klatschen
Fahrrad	Regenschirm ohne Bespannung schütteln, dazu Fahrradklingel
Fensterscheibe einschlagen	kleine Metallteile auf den Boden werfen
Türknarren	langsam über gespannte Gitarrensaite schaben
Telefonstimme	dicht am Mikrofon in Joghurtbecher sprechen
Prügelei	auf Schenkel und in Hände boxen; dicht am Mikrofon Papier schnell zerreißen (Hemd wird zerrissen)
Schuss	mit Plastiklineal auf den Tisch schlagen

Mini-Ohrenkrimi

Macht aus diesem Mini-Krimi euer eigenes Hörspiel! Verteilt die Aufgaben (Erzähler, Geräuschespezialisten, Aufnahmetechniker …) und nehmt es auf.

ANSAGERIN: Der Schuss im Donnerwetter. Eine Hörspielproduktion der Klasse …

Geräuschespezialisten: 10 bis 15 Sekunden spannende Musik

ERZÄHLER: Der Tag am See war herrlich. Inzwischen ist es beinahe dunkel. Tim, Emma, Max und Linda radeln nach Hause. Die Lichter ihrer Räder tanzen über die Straße.

Geräuschespezialisten: Fahrräder

LINDA: *(stöhnend)* Autsch! Ich glaub, ich hab 'nen Sonnenbrand.

MAX: Was? Du hast den Kopf verbrannt?

Geräuschespezialisten: Regentropfen

TIM: Mist! Wieso muss es jetzt anfangen zu regnen?

Geräuschespezialisten: Wind, Donner

EMMA: Hui, das hört sich nach Gewitter an. Schnell nach Hause!

Geräuschespezialisten: Fahrräder

STIMME 1: *(etwas entfernt, drohend)* Geld her, aber dalli! Und keine Faxen, kapiert?

STIMME 2: *(ebenfalls entfernt, ängstlich)* Aber … aber … ich hab doch gar kein Geld. Hilfe!

Geräuschespezialisten: Fahrräder bremsen

LINDA: *(erschrocken)* Das kommt aus dem Haus! Da ist jemand in Gefahr!

MAX: Was machen wir jetzt?

TIM: Ist doch klar, wir müssen die Polizei rufen. – Ach, wir haben ja kein Handy dabei.

EMMA: Da kommt ein Auto. Ich hole Hilfe.

Geräuschespezialisten: Auto kommt näher, hupt und entfernt sich

EMMA: Das gibt's doch nicht! Haut der Feigling einfach ab!

STIMME 1: Wenn du nicht sofort mit der Knete rausrückst, knall ich dich ab!

STIMME 2: Ich hab doch kein Geld. Hier, Sie können meine goldene Uhr mitnehmen.

LINDA: Schnell! Lasst uns durchs Fenster schauen.

Geräuschespezialisten: Schritte, quietschende Gartentür

TIM: Ich mach dir 'nen Steigbügel.

ERZÄHLER: Mit klopfendem Herzen und Tims Hilfe drückt sich Linda am Fenstersims nach oben.

TIM: *(flüstert)* Siehst du was?

LINDA: *(flüstert)* Nein, ist ziemlich dunkel. Nur ein Licht flackert.

STIMME 1: *(brüllt)* Jetzt reicht's!

Geräuschespezialisten: Schuss

STIMME 1: Das war nur zur Warnung. Der nächste Schuss trifft.

MAX: Wir müssen was tun! Sofort!

ERZÄHLER: Da entdeckt Max den Stein. Er wirft ihn mit voller Kraft knapp an Lindas Kopf vorbei.

Geräuschespezialisten: Fensterscheibe wird eingeschlagen, direkt danach: Donner

STIMME 3: *(brüllt)* Zum Donnerwetter! Wer war das? Kann man nicht in Ruhe fernsehen?

EMMA: Ups! Das mit dem Dieb war wohl ein Irrtum. Jetzt müssen wir die Scheibe bezahlen.

Geräuschespezialisten: Donner und prasselnder Regen

TIM: Auweia! Und dazu noch das üble Gewitter! Das zweite Donnerwetter.

MAX: *(bedrückt)* Stimmt. Und gleich gibt's Donnerwetter Nummer drei: von unseren Eltern.

14. und 15. Kapitel: Diebesfalle

Inhalt

(14) Um Mitternacht quälen sich die Kinder aus dem Schlaf und gehen zu Karos Haus. Sie stellen fest: Die Haustür hat sich wegen eines Steinchens nicht geschlossen. So hat der Dieb also vorgesorgt. Sie suchen sich Verstecke im Keller. Tom dreht die Birne aus der Fassung. Nun haben sie nur noch eine Taschenlampe und Handys als Lichtquellen. Den ersten großen Schreck gibt es, als ein Hausbewohner eine Flasche Wein aus dem Keller holt. Den zweiten, als Karo den Kellerschlüssel im Abfluss verliert. Die Tür ist abgeschlossen, die Handys haben keinen Empfang. Ganz trostlos wird es für sechs der sieben Kinder, als auch noch die schwachen Lichtquellen ausfallen. Müde, verängstigt und durchgefroren kämpfen sie gegen Angst und Schlaf und warten auf den Einbrecher.

(15) Samuel hört ein Geräusch und weckt die anderen. Die Kellertür wird aufgebrochen. Den Kindern steigt der von den letzten Einbrüchen bekannte Geruch nach Zigaretten und Rasierwasser in die Nase. Tatsächlich sind der Bücher-Wurm und sein Bruder die gesuchten Fahrraddiebe!

Die Kinder werden entdeckt und vom Bruder des Buchhändlers bedroht. Auf Toms Zeichen stürzen sich die Kellerschnüffler auf die Einbrecher und es gelingt ihnen, sie zu überwältigen. Samuel ruft die Polizei, Moritz Hilfe im Haus. Die Einbrecher werden verhaftet.

Die Kinder erhalten eine Belohnung, die Tom ein neueres Fahrrad einbringt. Michael beginnt, die türkischen Jungs zu akzeptieren, Charly verliebt sich in einen von ihnen. Samuel und Benni haben Angst vor dem Schulwechsel nach den Ferien. Zu ihrer Freude erkennen sie, dass sie zur selben Schule gehen werden, und hoffen, in die gleiche Klasse zu kommen. Zum guten Schluss stellen sie fest, dass sie allerbeste Freunde sind.

Zu den Kopiervorlagen

 Veränderungen
KV
Seite
43

Mit diesen Aufgaben setzen sich die Schüler intensiver mit der Entwicklung einzelner Personen des Buches auseinander, was über das reine Leseverständnis hinausgeht.

Lösung
Aufgabe 1:
Rot (Was wird Samuel nie gut ohne Hilfe können?): allein einen Stadtbummel machen; fotografieren; Handball spielen; dem Bus nachrennen
Grün (Was hat er seit seiner Blindheit gelernt, besser zu

können?): hören, wer kommt; sich im Dunkeln zurechtfinden; Menschen am Geruch erkennen; Dinge durch Abtasten erkennen; im Team zusammenarbeiten

Aufgabe 2:
z. B. Freunde: Er hat jetzt Freunde in seinem Wohnort.
Schule: Er kommt in eine neue Schule und freut sich darauf.
Freizeit: Er ist nicht mehr allein daheim, sondern mit der Clique zusammen.

Aufgabe 3:
z. B.

	am Anfang	am Ende
Einstellung gegenüber Samuel	Vorurteil: „Hirni", „Krüppel", verspottet ihn und nimmt ihm die Mütze weg, möchte ihn nicht dabeihaben	entschuldigt sich bei ihm, akzeptiert ihn als Bandenmitglied, schließt Freundschaft mit ihm
Einstellung gegenüber „Türkenjungs"	Vorurteil, verdächtigt sie, dass sie klauen wie die Raben	schlägt vor, sie einzuladen

 Comics
KV
Seite
44

Vor allem unter den Jungen gibt es immer wieder Schüler, die nur ungern ein Buch zur Hand nehmen. Doch für Comics sind sie meist zu gewinnen. Das bedeutet für einige einen Einstieg in die Welt der Bücher.

Bitten Sie die Kinder, einige Comics mit in den Unterricht zu bringen. Untersuchen Sie gemeinsam Bilder, Geschichten und Sprache ausgewählter Hefte, bevor Sie mit dem Arbeitsblatt beginnen.

Lösung
Aufgabe 1:

   Die Taschenlampe fliegt unter den Schrank.

   Kartoffeln knallen auf Adalbrechts Kopf und Rücken.

   Charly verpasst Adalbrecht einen Kinnhaken.

   Der riesige Holzknüppel kracht auf den Boden.

Aufgabe 3:
z. B. zisch, rums, flutsch, jaul, peng, platsch

Kellerschnüffler

Lassen Sie zunächst die Steckbriefe (Seite 9) und den Stadtplan (Seite 13) vervollständigen. Bei dem detaillierten Steckbrief ist wünschenswert, dass die Schüler auch auf das soziale Verhalten, die Denkweise und die Entwicklung der Figur innerhalb der Geschichte eingehen.

Bei der zweiten und vor allem der letzten Aufgabe ist Querlesen gefordert, falls die Schüler nicht mehr alle Details im Kopf haben. Da diese Fähigkeit auch für das Erstellen von Referaten benötigt wird, ist frühe Übung darin von großem Vorteil.

Lösung:
Aufgabe 2:

Ich hab heute noch Angst, wenn ich an die Nacht im Keller denke. Hicks!
Moritz

Juhuu! Jetzt freue ich mich auf die neue Schule!
Samuel

Hoffentlich gibt's bald Eis, ich hab Kohldampf.
Michael

Tolle Sonne, da werde ich schön braun.
Karo

Warum bekomme ich so ein Kribbeln im Bauch, wenn Idris mich anschaut?
Charly

Irre! Durch meinen Fahrradunfall habe ich einen neuen Freund gefunden.
Benni

Bescheuert, dass wir kein Geld haben, aber dafür hab ich super Freunde.
Tom

Aufgabe 3:
1. GROSSELTERN
2. MOUNTAINBIKE
3. KAUGUMMI
4. ZWERGER
5. SONNENBRILLE
6. SCHLUCKAUF
7. SCHWESTER
8. KAROLINE
9. GYMNASIUM
10. TOM
11. FRODO
12. EIS
Lösungswort: SOMMERFERIEN

Der Kellerschnüffler-Rap

Sollten Sie die vorgeschlagene Begleitung wählen, lassen Sie die Schüler zunächst den Rhythmus schlagen oder klatschen. Mit dem Text hört sich die erste Strophe folgendermaßen an:

aufstampfen	Obersch. klatsch.	Hände klatschen
Wir <u>sind</u> die	<u>Keller</u>-	schnüffler,
eine <u>Ban</u>de,	<u>das</u> sind	<u>wir.</u>
<u>Zu</u>sammen-	<u>halt</u> und	<u>Freundschaft,</u>
das gibt <u>Power</u>,	<u>sag</u> ich	<u>dir.</u>

Für die eigene Strophe dient dieser Stampf- und Klatschrhythmus als Grundlage.

Bei der letzten Aufgabe kann der Rhythmus auch verändert werden. Beispiel (1. Strophe, hier nur die begleiteten Stellen):

Bleistifte	Dose	Karton	Lineal	Flasche
sind	die	schnüff-	ler	
Ban-	de			wir
-sam-	men-	Freund-	schaft	
Pow-	wer			dir

Ein Brief von der Autorin

Dieser Brief stellt nicht nur die Verfasserin des Buches kurz vor, er dient auch als Grundlage für Recherchen über die Autorin. Weitere Informationen finden Sie und die Schüler vor allem unter *www.judith-lehuray.de*.

Folgende Fragen können die Schüler mithilfe der Internetrecherche leicht beantworten:
• Judith Le Huray wohnt am Fuß der … (Schwäbischen Alb).
• Nenne die Titel von mindestens drei weiteren Büchern, die sie geschrieben hat. (z. B. „… und jetzt sehen mich alle", „Voll drauf", „Dobo – Landung voll daneben")
• Hat die Autorin ein Haustier? Wenn ja, welches? (Hündin Lilo)
• Nenne mindestens zwei ihrer Hobbys. (z. B. Spanisch, Lesen)

Meine Buchbewertung

Zum Abschluss der Lektüre bewerten die Schüler den Roman nach verschiedenen Kriterien. Der Bewertungsbogen dient als kurze, individuelle Buchkritik. Diese bietet eine gute Grundlage, um gemeinsam eine ausführliche Rezension zu verfassen.

Gesprächs- und Schreibanlässe

Zum 14. Kapitel

Aufgewacht
- Warst du schon mal bis zum Morgengrauen auf?
- Wie lässt du dich wecken?

Eigene Erfahrungen
- Tom klettert auf einen Hocker, der auf einem Tisch steht. Ist das eine gute Idee?
- Rohe Kartoffeln sind leicht giftig. Aber man kann viel aus Kartoffeln machen. Was fällt euch ein?
- Wie fühlt es sich an, wenn die Beine oder Arme eingeschlafen sind? Wann ist dir das schon passiert?

Zum 15. Kapitel

Einkaufen
- Der Bücher-Wurm klagt, dass die Geschäfte schlechter gehen, weil immer mehr Leute im Internet einkaufen. Wo kauft ihr Bücher, Kleidung etc.?
- Wie würden unsere Städte ohne Läden aussehen?

Die Liebe
- Warum bekommt Charly einen roten Kopf, als Idris ihr ein Gänseblümchen schenkt?
- Wie fühlt man sich, wenn man verliebt ist?

Ausländer
- Was bedeutet die Aussage: „Jeder ist Ausländer"?
- Warst du schon mal in einem Land, in dem eine fremde Sprache gesprochen wurde? Wie war das für dich?
- Was war außer der Sprache anders als zu Hause?
- Wer von euch kommt aus einem anderen Land? Wo seid ihr geboren, wo eure Eltern?
- Was ist hier anders als in eurem Heimatland? Was gefällt euch besser, was schlechter?

Schule
- Habt oder hattet ihr Angst vor dem Schulwechsel? (Wie ist es euch ergangen?)
- Wie würdet ihr euch verhalten, wenn ein behindertes Kind in unsere Klasse käme? (Oder: Wie war es, als … in unsere Klasse kam? Wie ist es heute?)

Ende der Geschichte
- Findest du es gut, wie die Kinder sich auf Verbrecherjagd gemacht haben? Was hätte alles passieren können? Wie wäre die Geschichte dann möglicherweise ausgegangen?
- Sind die Strafen für Adalbrecht und Friedebert gerecht? Wie würdest du sie bestrafen? Warum?
- Was sagst du dazu, dass Tom das Mountainbike bekommt?

Kreativ aktiv

Stockfinster

Versteckspiel im dunklen Klassenzimmer: Der Sucher geht aus dem Raum. Wenn alle versteckt sind, wird der Raum abgedunkelt und der Sucher hereingerufen. Nur durch Tasten muss er die anderen finden und möglichst benennen. Wer gefunden ist, verlässt den Raum. Achtung: Auch der angrenzende Flur sollte weitgehend dunkel sein.

Bild und Ton

- Zeichnet einen Comic von der Kellerszene, ab Ankunft von Adalbrecht und Friedebert Wurm.
- Macht ein Mini-Hörspiel von der Kellerszene. Berichtet als Einführung in wenigen Sätzen, was bisher geschah. Überlegt euch einen Titel.
- Schaut einen Kurzfilm an und schaltet den Ton ab. Was habt ihr verstanden, was empfunden?
- Hört euch einen Kurzfilm an ohne Bild oder mit verbundenen Augen. Was habt ihr verstanden, was empfunden?
- Macht einen Kurzfilm über das Ende des Buches (Szene nach dem Fahrradrennen auf der Wiese). Erweiterter Vorschlag: Lasst die einzelnen Personen ihre Gedanken aussprechen. Außerdem könnt ihr eine Szene anhängen mit dem Verweis „eine Woche später".
- Zwei Tage nach der Verhaftung der Fahrraddiebe erscheint in der Zeitung ein Artikel über die gefährliche Aktion der Kellerschnüffler. Schreibt und bebildert den Zeitungsbericht. (Vorbereitend Zeitung lesen: Was steht im Regionalteil, wie ist er aufgebaut, geschrieben und bebildert?)

Veränderungen

Samuel sagt: „Trotzdem werde ich nie alles können so wie ihr und brauche oft Hilfe. Aber dafür kann ich einiges, was ihr nicht so gut könnt."

✎ Was wird Samuel nie gut ohne Hilfe können? Unterstreiche rot.
Was hat er seit seiner Blindheit gelernt, besser zu können? Unterstreiche grün.

allein einen Stadtbummel machen

hören, wer kommt

sich im Dunkeln zurechtfinden

fotografieren

Menschen am Geruch erkennen

Handball spielen

einem Bus nachrennen   Dinge durch Abtasten erkennen   im Team zusammenarbeiten

✎ Was hat sich im Laufe des Buches für Samuel verändert oder wird sich nach den Ferien ändern? Schreibe jeweils einen Satz zu den Begriffen.

Freunde:

Schule:

Freizeit:

✎ Einige von Samuels neuen Freunden haben sich im Laufe der Geschichte verändert. Beschreibe in Stichworten, wie sich Michaels Haltung gegenüber Samuel und den „Türkenjungs" gewandelt hat.

	am Anfang	am Ende
Einstellung gegenüber Samuel		
Einstellung gegenüber „Türkenjungs"		

Comics

Obwohl sie einen Roman geschrieben hat, benutzt die Autorin manchmal Comic-Sprache.

✏️ Beschreibe, was bei folgenden Wörtern in der Geschichte passiert.

Wusch!
(Seite 117)

_____

_____

BONG! BONG!
(Seite 117)

_____

_____

ZACK!
(Seite 117)

_____

_____

Kracks!
(Seite 117)

_____

_____

👦 Wie wirkt die Verwendung der Comic-Ausdrücke im Roman auf dich? Male grün an, was aus deiner Sicht zutrifft, und rot, was du nicht bestätigen kannst.

| kann man sich gut vorstellen | | ist witzig | | ist spannend | | finde ich albern |

| passt nicht in einen Roman | | sagt mehr als hundert Worte |

✏️ Welche ähnlichen Ausdrücke fallen dir ein, die in Comics verwendet werden? Schreibe sie auf und erkläre kurz, zu welchen Situationen sie passen.

_____

_____

_____

 Suche einen dieser Begriffe aus und zeichne ein passendes Comic-Bild auf ein extra Blatt.

Kellerschnüffler

 Suche dir einen Kellerschnüffler für einen besonders ausführlichen Steckbrief mit Bild aus. Schreibe und zeichne den Steckbrief auf ein extra Blatt.

 Die Kinder liegen am Ende auf der Wiese und lassen ihre Gedanken schweifen. Zu wem passen die folgenden Gedanken? Trage die Namen ein.

Ich hab heute noch Angst, wenn ich an die Nacht im Keller denke. Hicks!

Hoffentlich gibt's bald Eis, ich hab Kohldampf.

Juhuu! Jetzt freue ich mich auf die neue Schule!

Tolle Sonne, da werde ich schön braun.

_____   _____   _____   _____

Warum bekomme ich so ein Kribbeln im Bauch, wenn Idris mich anschaut?

Irre! Durch meinen Fahrradunfall habe ich einen neuen Freund gefunden.

Bescheuert, dass wir kein Geld haben, aber dafür hab ich super Freunde.

_____   _____   _____

 Wenn du das Buch gelesen hast, kannst du sicher folgende Fragen beantworten. Trage die Wörter in Großbuchstaben ein (ß = SS). Die letzten Buchstaben ergeben in umgekehrter Reihenfolge das Lösungswort.

1. Michael wohnt bei seinen … __ __ __ __ __ __ __ __ __ __

2. Welche Art von Fahrrad hat Tom seit Kurzem? __ __ __ __ __ __ __ __ __

3. Was hat Benni oft im Mund? __ __ __ __ __ __

4. Die Mutter von Charly und Moritz ist Frau … __ __ __ __ __

5. Was bekommt Samuel im 8. Kapitel von Benni geschenkt? __ __ __ __ __ __ __ __

6. Was bekommt Moritz immer, wenn er aufgeregt ist? __ __ __ __ __ __ __ __

7. Lilly ist die Tochter von Toms … __ __ __ __ __ __ __

8. Wie lautet der Vorname von Charlys Freundin? __ __ __ __ __ __

9. Auf welche Schule gehen Benni und Samuel demnächst? __ __ __ __ __ __ __ __

10. Wie heißt der älteste Kellerschnüffler? __ __ __

11. Wie heißt Samuels Hund? __ __ __

12. Was essen alle Kellerschnüffler gern, wenn es heiß ist? __ __ __

Lösungswort: __ __ __ __ __ __ __ __ __ __ __ __ __ __ __

Der Kellerschnüffler-Rap

Lest den Text laut als Rap-Sprechgesang und begleitet ihn durch folgende rhythmische Geräusche: aufstampfen, auf die Oberschenkel klatschen, in die Hände klatschen.

Wir sind die Kellerschnüffler,
eine Bande, das sind wir.
Zusammenhalt und Freundschaft,
das gibt Power, sag ich dir.

Zwölf Augen, sieben Nasen
und noch Grips und Mut dazu.
Wir Kellerschnüffler lassen
fiesen Dieben keine Ruh.

Beim Kellerschnüffeln haben wir
die Einbrecher gefasst.
Die Diebe war'n nicht schlau genug –
jetzt winkt ihnen der Knast.

Wir haben sieben Kräfte,
hey, wir sieben sind bereit.
Die siebenfache Kraft von uns,
die heißt Gemeinsamkeit.

Überlegt euch gemeinsam eine weitere Strophe im passenden Rhythmus.

_____

_____

_____

_____

Sucht im Klassenzimmer nach Rhythmusinstrumenten (z. B. Bleistifte, Lineale, Dosen, Flaschen). Besprecht, wie ihr damit den Kellerschnüffler-Rap begleiten wollt.

Tipp: Benutzt nicht alle „Instrumente" gleichzeitig, sondern in einem zum Text passenden rhythmischen Wechsel.

Ein Brief von der Autorin

Hallo, liebe Leserinnen und Leser,

mein Name ist Judith Le Huray. Ich habe das Buch „Die Kellerschnüffler" geschrieben.

Autorin war schon immer mein Wunschberuf. Bereits mit sechs Jahren verfasste ich meine erste Geschichte, die noch auf dem Dachboden liegt. Als Erzieherin schrieb ich Lieder und Geschichten für die Kinder. Danach leitete ich 19 Jahre lang ein Tanzstudio, für das ich mir die Tänze und Handlungen für die Vorführungen ausdachte. Erst im Jahr 2009 wurde ich endlich Kinder- und Jugendbuchautorin.

Eines Tages fragte mich der Hase und Igel Verlag, ob ich einen spannenden Abenteuerroman mit einem behinderten Kind schreiben wolle. Das passte prima: Zufällig hatte ich kurz zuvor die Idee zu diesem Roman mit einem blinden Jungen.

Zwar habe ich schlechte Augen, aber zum Glück bin ich nicht blind. Mit meiner dicken Brille oder Kontaktlinsen kann ich recht gut sehen. Deshalb musste ich viel recherchieren, um mich in die Welt der Blinden einfühlen zu können. Natürlich kann man sich das als Sehender nicht so richtig vorstellen. Trotzdem habe ich eine Menge gelernt und euch vielleicht einen kleinen Einblick gegeben, mit welchen Schwierigkeiten Blinde zu kämpfen haben.

Was Blinde, Gehörlose, Rollstuhlfahrer, geistig Behinderte oder in anderer Weise eingeschränkte Menschen am meisten brauchen, ist unsere Anerkennung und Freundschaft. Wir sind alle verschieden, jeder hat andere Stärken und Schwächen, das ist gut so. Am stärksten sind wir, wenn wir zusammenhalten.

Liebe Grüße von eurer

Judith Le Huray

Meine Buchbewertung

  Jetzt ist deine Meinung gefragt: Wie hat dir das Buch gefallen? Kreuze an.

	trifft voll und ganz zu	trifft ein wenig zu	trifft kaum zu	trifft gar nicht zu
Das Buch hat mir gefallen.	☐	☐	☐	☐
Das Cover macht neugierig auf die Geschichte.	☐	☐	☐	☐
Ich finde das Buch spannend.	☐	☐	☐	☐
Es hat mir Spaß gemacht, es zu lesen.	☐	☐	☐	☐
Die Geschichte ist glaubwürdig.	☐	☐	☐	☐
Die Personen kann man sich gut vorstellen.	☐	☐	☐	☐
Ich konnte mich gut in mindestens eine der Hauptpersonen einfühlen.	☐	☐	☐	☐
Die Sprache im Buch hat mir gefallen.	☐	☐	☐	☐
Aus dem Buch kann man etwas lernen.	☐	☐	☐	☐
Die Sache mit dem blinden Jungen hat mich nachdenklich gemacht.	☐	☐	☐	☐
Ich möchte mehr Bücher der Autorin lesen.	☐	☐	☐	☐

Was möchtest du noch zu dem Buch sagen?

_____

_____

_____

Angenommen, du triffst die Autorin: Was würdest du sie gerne fragen oder ihr sagen?